まちの魅力を引き出す編集力

地域の“面白さ”を発掘して、
観光商品化&プロデュース

魅力発掘プロデューサー
桜井 篤

魅力発掘プロデュースについて

皆さま、こんにちは。

魅力発掘プロデューサーの桜井篤と申します。

私は大学生の頃から、メディア（取材記者から旅行情報誌などの編集長など）と旅行・観光業（旅行会社、観光協会、行政の観光戦略担当など）のどちらかを仕事にしてみたいと考えていましたが、幸いにもこの約30年でそのすべてを経験することができました。最初の20余年は主に㈱リクルートで編集や広告、マーケティングなど、情報発信の仕方を学び、その後の10年は、実際にお呼びがかかった地方に引越しをして期間限定の契約で観光協会や市役所の観光課に所属しながら、その土地の観光振興の仕事を地域資源の発掘から、商品化し、国内外に情報を発信して、集客して、地元の方にも訪れた方にも喜んでもらうということを続けています。

そして2020年の3月末を最後に市役所の観光課の仕事を終え、現在、特定の地域に限定せずに観光振興に寄与する立場となりました。

これまでにわかってきたことは、「観光戦略方針はわかるのだが、現場での具体的なやり方がわからない」とか、「やったものの効果が上がらない（集客人数が少ない）」などの現実が全国あちこちで見られるということでした。そこで、「だったら、私が現場で体験してある程度

PROLOGUE

はじめに

の成果を出したものを抽象化して、汎用性のあるような「実践のための考え方」にまとめられたら」と思いました。いわゆる「戦略」を実現するための「戦術」的な部分だと思います。私は自分が手掛けた仕事を、「集客目的以外で世の中に公開する」ことは初めてです。ですから、たぶん、読者の皆さんは、観光業をしている方でも「こんな実例があったの？」や「こんな考え方を盛り込んだの？」など初めて知られることばかりのはずです。ぜひ、楽しみながら読んでいただければと思います。

さて、私がやっているこれらのような仕事全体について、その内容を表す「職種名」をなかなか見つけられませんでした（笑）。リクルートを2009年に退社して以来、私は自分の肩書きを「魅力発掘プロデューサー」としました。自分がしていきたい仕事をなんて表せばいいのか、を考えた末に作った結果、新しい職種名となってしまいました。

この本を書くにあたって、まずはこの「魅力発掘プロデューサー」という風変わりな職業の仕事内容をご説明しましょう。

私は「魅力発掘プロデュース」を**「地域資源を掘り起こして（観光商品化を経て）、それを発信し、訪れる側にも迎え入れる側にも、それ以前より少しでも幸せになってもらうための実践的行為」**と定義しています。

（観光商品化を経て）というようにカッコ書きにしたのは、この仕事の中でも最も具体的な成果である「経済効果を上げること」に直結する行為は「商品化」することだからです。この

（観光商品化）は、時・場所および観光戦略によっては語られないこともあると思いますが、観光事業そのものの意義を考え、具体策として打ちだすことはその後の検証時に、「売り上げ」など明確な成果が出ますので、ぜひ採り入れたい行動なのです。

つまり、「好きでやっているから売り上げは考えない」というボランティア精神に基づいてやっていると「商品」にはなりきれないのです。地域の観光振興は、この「売り上げは考えない」という考え方との折り合いをつける果てしない戦いであるとも言えます（笑）。これについては、後で詳しく説明します。

魅力発掘プロデューサーとしての動き方

この肩書きで仕事をしている方は、私以外、他にいないわけですから、自分の仕事のスタイルをそのまま当てはめているようなところもあるのですが、まずは魅力発掘プロデューサーの仕事と動き方を説明します。他の肩書きの方（例：行政や外郭団体の観光分野担当者、観光振興コンサルタントや、旅行商品開発担当者、観光関連メディアクリエイター、イベントプランナーなど）との違いがわかるように記したいと思います。

PROLOGUE

はじめに

働き方

働き方で最も特徴的なことは、「その土地に自ら一定期間移り住んで、その土地の魅力を五感で感じ、知己を得て、歴史や文化を感じながら、プロデュースしていく」というところです。転居をともなうわけですからハードルが高く、なおかつそういう機会は普通の会社勤めだとなかなか思うように訪れないため、自らが決心して機会を作り出す必要も生じます。

私の場合、最初の目的地に佐賀を選んだのには大きな理由があります。佐賀市は、私がじゃらん編集長をしていた間に九州の主な都市で唯一ご縁がなかった。たまにリリースが上がってきても、「驚き（196ページ参照）」がないからニュース性が弱く、ほぼ「没」にせざるを得なかったのです。それで「編集部で待っていても埒が明かないなら、自分で現場に飛び込んで地域資源を掘り起こそう」と思い、リクルートを退社した後に実行に移したのです。

「地域資源」を掘り起こすというプロセスは、この仕事の一番最初の力の入れ所です。そして、その地域資源は、一定期間以上その土地に滞在してその土地の「空気」を吸わなければ、仕事に役立たせられるレベルにまでは体感できないと感じていたからです。その町に住んで、様々な人や物に出会って「知る」。その出会った量が一定量担保されないと次のフェーズに移れません。足で稼ぐ、耳で聞いて、情報を集める。ちょっと民俗学者のフィールドワークや新聞記者の仕事の仕方に似ているかもしれません。さらに、移り住むことで、仕事時間内ではなく、その土地での生活そのものから多くの気づきが得られます。

四季はもとより、夜から一晩あけての早朝まで。その土地の生活感を身につけるほど仕事の質が高まる可能性が広がると私は実感しています。その結果、実際的で継続可能な新たな価値を創出していけます。つまり、既存の観光集客の理論などに頼ることなしで、一から現場で知見を積み上げて行くこととなり「机上の空論」に陥ることを防ぎます。地域の観光振興では、実はこの「現場を深く理解してから始める」ことが意外に見落とされている重要ポイントだと考えています。観光振興コンサルタントは多数いらっしゃいますが、「クライアントのところに移り住む」ことが可能な方はそういらっしゃらないですから、それもやむを得ないかと思います。

また、この働き方により、別のメリットが出てきているのを私は感じています。それは、「その土地に住む」ことが基本になるわけですから、IターンやYターンでなければ、必然的に「いつかはその土地を離れる」ことになります。ですから、「いずれ去る身」として、「締切感」を持って仕事ができるように自ずとなるのです。実際に私の場合も、これまでは自ら進んで「期間限定」の契約を結んでまいりました。そのようなスタイルで複数の地域の仕事現場を歩んできました。そして、その「締切」を大切にして、一日一日をその土地に全力で取り組む気概が生まれたと自負しています。生活のすべての時間をその土地にささげて、可能性を模索するこ

PROLOGUE

はじめに

とができたのではないかと思います。

役割

では、魅力発掘プロデューサーの、その土地に対しての「役割」とはどのようなものなのでしょうか？

結論でいうと、最も大事なのは、地元の地域資源を発掘して、観光客向けのコンテンツにブラッシュアップして、観光客を迎える実践的行為を担うことです。そしてその結果をもって、いずれ、その土地を去る時がきても、共に活動した皆さんが、地域の良さを再発見し続け、その土地に対する愛着を強めていく雰囲気が培われるようにすることだと考えています。

この最終ゴールに向かうために、最も肝心なことは、「集客を成功させる」ことです。規模や効果の多寡にはかかわらず、打ち手を打ったら、それによって「人が来てくれてうれしかった（加えて商品やサービスが売れたという経済的価値も含む）」となればいいのです。そして、成功は、早ければ早いほどどいい。野球でいえば試合開始後、最初にバッターボックスに入った時に、なんとしてでも出塁することです。アウトにならないことです。

最初から大きくことを構えずに、予算もほとんどかけずにどうやって成功させられるか？..を脳にたっぷり汗をかいて、考えることが、後につながります。

小さく作って、まずは成功体験をひとつ築く。そして、周囲を徐々に巻き込んでいき、最終ゴールに向かうのが私のやり方です。

この本では、そのプロセスと大事なポイントを順に公開して行きたいと思います。ふんだんにご紹介する事例で理解を深めていただき、この魅力発掘プロデュースという仕事が楽しそう、私もやってみたい、と思う方が増えれば大変うれしく思います。

CONTENTS

目次

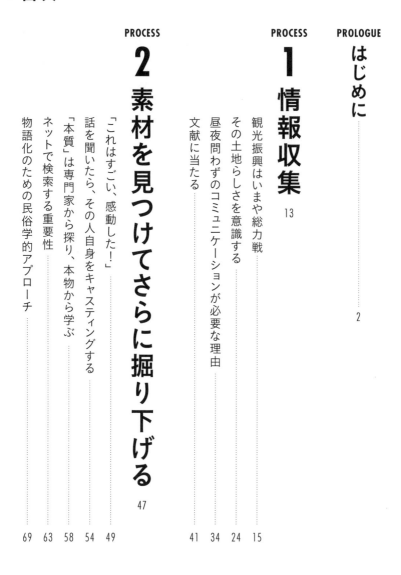

PROCESS 3 ターゲットイメージの想起 85

PROCESS 4 受け入れ態勢の構築 115

CONTENTS

目次

PROCESS

1 ▶ 情報収集

観光協会の桜井さん作成

佐賀の歴史カレンダーに

367日分 郷土史家の資料助け

佐賀観光協会（佐賀市）の魅力発掘プロデューサー、桜井篤さん(46)が、佐賀にちなむ歴史的出来事をまとめた〝カレンダー〟を作成した。旧暦の1年・367日を埋めた史実は、戦国時代から明治時代に及ぶ。図書館に通い詰めて資料をめくったが、行き詰まった時期があった。助けの手を差し伸べてくれたのは、約35年前に他界したある郷土史家だった。

（御厨尚陽）

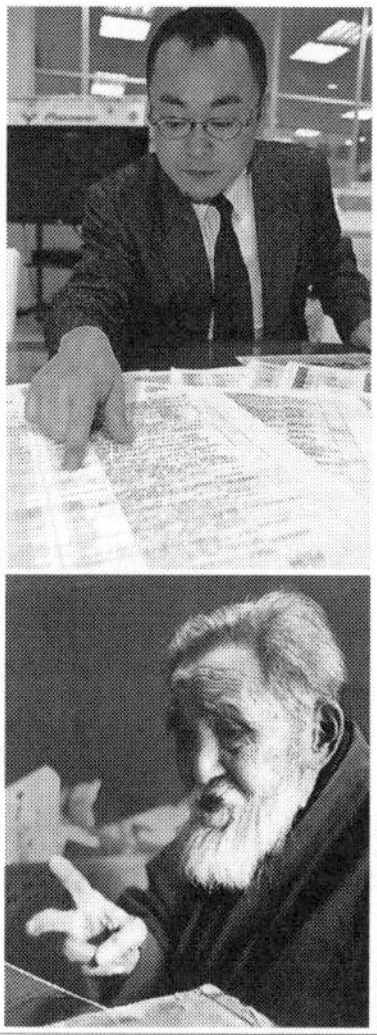

㊤自作のカレンダーで、「佐賀ゆかりのこんな出来事があったんです」と説明する桜井篤さん
㊦在りし日の栗原荒野さん。「葉隠」研究の第一人者とした高い評価を受けた

「佐賀は歴史遺産が豊かな街。ならば、史実を並べたら、カレンダーが埋まるのではないか」

桜井さんが、そんなアイデアを思いつき、図書館に通い始めたのは2009年12月。史料をめくり、旧暦（1872年まで）を含めて日付で出来事を探したが、30日前後がどうしても埋まらない。頭を抱えていたとき、知人から「同じような歴史カレンダーを作った人がいる」という話を聞いた。唐津市出身の郷土史家で、「葉隠」研究の第一人者、栗原荒野さん（1886〜1976）だった。晩年、地元新聞に連載した「きょうの歴史」で、佐賀にまつわる歴史を紹介していたのだ。

佐賀市の県立図書館に、その連載の直筆原稿が保管されていた。

「インターネットもない時代に大変詳細に調べ上げていた。佐賀の先人の歴史をしっかり記録に残したいという熱意が伝わってきた」。だが1日だけ空白があった。栗原さんはこう記していた。「12月18日という日は調査不十分のためにこれという材料が見当たらない」

「佐賀の偉人の功績を伝えたいという思いは同じ。なんとかこの日の出来事を探したい」。奮起した桜井さんはさらに文献を読みあさり、資料の山から、ついに見つけた。その日は、江藤新平が職業選択の自由を許可した日（1871年）だった。こうして、367日が843件の史実で埋まった。

桜井さんからカレンダーをプレゼントされた栗原さんの長男で郷土史家の耕吾さん(79)＝佐賀市＝は、「公民館で開いている講座などで使い、父が愛した郷土史の面白さを伝えたい」と満面の笑みを浮かべた。

カレンダーはA3用紙で計10枚。希望者にはコピーを無料配布するという。桜井さんは「地元の歴史に詳しくなって、佐賀を訪れた人にその魅力を紹介してほしい」と呼び掛けている。同協会＝0952(20)2200。

西日本新聞　2011年4月1日掲載。その後この通称「佐賀暦」は、各種イベントの企画に重宝される。2021年2・3月に実施（主催：（一社）佐賀市観光協会）したまちあるきツアーでは、開催予定日の歴史エピソードに基づいた脚本とキャストで「日替わりストーリーまちあるき」を実施するなど、史実をその記念日に体験できるといった新たなエンターテイメントも誕生した（P44参照）

PROCESS

1

情報収集

• • •

その土地の地域資源を知るために最初に着手するのは、フィールドワークです。地域のメディアや文化人、主要産業の担い手（農業など一次産業も含む）、教育機関や、商店街、行政、商工会議所などの方と面識をもち、関係性の「第一歩」を培います。それらの人の中には、一見、観光業に直接結びつかないように思われがちな立場の方もたくさんいますが、地域の**観光振興はいまや「総力戦」**となっています。ですから、既存の観光関連業（観光協会や観光関連行政部署、観光施設）に加えて、対象を広げ、いつかは共に実践できる方の候補として可能性を探っていったほうが最終的に収穫が大きくなりますし、その**土地らしさ**が生まれてきます。また、今現在、地域おこしなど積極的に活動している方々とのコミュニケーションも必要不可欠で、まったく新しい取組みは、それらの方々との**昼夜問わずのコミュニケーション**からこそ生まれているのが実情です。さらに**図書館で文献**を当ることもおろそかにはしません。郷土史のコーナーなどは、特に「歴史を活用した観光の振興」のためのヒントがぎっしり詰まっているからです。その土地の先人たちを「先輩」と思って、彼らがしっかり残してくれている記録にも目を通しましょう。

【観光振興はいまや総力戦】

■時代とともに変わる観光の目的と形態

観光の目的は、この半世紀で大きな変化を経てきました。少しその変遷を見て行きましょう。

我が国では1954年に高度成長期がはじまり、それ以来1970年まで、毎年可処分所得が増えていきました。それに従い、我々は、温泉や風光明媚な観光地に泊まりがけで行く娯楽を日常的なものとして獲得して来ました。旅行会社はその要望に応え、国内旅行市場は、団体のバス旅行を皮切りに大きく飛躍しました。

さらに、世界に目を転じると、円が一ドル360円の固定相場制だったのが、1973年には完全な変動相場制となり、日本の円が強くなり為替差益で海外旅行が夢ではなくなりました。その恩恵で、ハワイをはじめとした世界の人気観光地に我々日本人も訪れるようになります。円高は徐々に進み、1986年末には、一時160円を突破し、いわゆるバブル期を迎えました。1980年の海外渡航者は年間390万人だったのが、その10年後の1990年には1100万人に増加。まさに、海外旅行は手の届く余暇活動のひとつになったのです。

このバブル景気で国内旅行市場もさらなる活況を呈し、女性が主役となり1980年頃には

「温泉ブーム」が巻き起こります。

海外旅行、国内観光は、ともに完全に我々市民の楽しみとして定着し、現在まで業界は右肩上がりの成長が続いてきました。この歴史の中で、ひとつ重要な点は、旅行の形態や人気テーマが世相を反映して、徐々に変わってきたということです。海外旅行であれば、募集型の主催旅行で、団体行動が中心だったのが、やがて航空機チケット＋ホテルを組みあわせて予約する「個人型手配旅行」が伸びてきました。国内の温泉旅行であれば、大型の温泉地に大人数で泊まる従来型の温泉旅行に加えて、「秘境の湯」のような小規模の宿が人気になり、女性誌などで季節ごとに特集が組まれ、取り上げられてきました。

これらの動きを俯瞰すると、個人の志向や価値観が以前より反映され、団体単位から、家族またはカップル、友人同士など少人数での旅行が主流になってきたと言えます。

■ 情報発信の仕方も多彩となる

さらに、娯楽の王道として一度受け入れられると、観光の情報はどんどんと細分化され、詳しく紹介されました。そして、インターネットが普及すると、従来の「ガイドブック」とは違った「口コミ（体験者の声）」の量が増え、観光情報は、従来のメディアの作り方が持つ特定の価値観から語られるのではなく、「自分の好みに合った」ことをしたいという気持ちを後押しするようになって行きます。私は、1987年～2002年まで旅行情報誌とインターネットによる情報発信の双方に携わっていましたが、私の実感ですと、インターネットで観光情報を取得するのが一般的になったのは、2000年前後くらいかなと思っています。

そして、このインターネットによる観光情報の収集は、当然ネット予約などにつながり、旅行の予約はインターネットが主流になって今に至ります。

■コロナ禍直前は成長産業の代表だった観光業

そんな歴史を経てきた我が国の旅行・観光市場ですが、2020年には新型コロナウイルスによる壊滅的な打撃を受けます。大手旅行会社の受注額は、対前年比で軒並み7～9割の大幅減。観光施設のうちに、客が例年の半分以下になったところは、6割を超えています。（2020年8月25日日本経済新聞報道）

実はコロナ直前の2019年までは、日本のすべての余暇市場の中で最も伸びていたのが、「観光・行楽」で伸び率2・4％という、順調な隆盛ペースを歩んでいました。なかでもインバウンド（訪日外国人マーケット）は、2020年には、オリパラ開催も決定し、積極的な受け入れ体制の構築や政府のプロモーション施策が功を奏し、2019年7月単月で300万人に上りました。ところが、1年後の2020年7月には、見るも無残にわずか3800人まで激減したのです。99・9％減の壊滅状態です。アクセルを少しずつ踏んできてトップスピードに向かって最終の踏込をした瞬間に、突然エンストとなってしまったと言えましょう。

■コロナ禍における「観光」の基本的な考え方

つまり我々は、本来は成長産業であったものが一時的にストップしているだけにすぎない、という認識をはっきり持ったほうがいいということです。観光は死んでいないのです。眠っているだけなのです。そして、ここまで「成長」してきた理由をしっかり分析して、自らの担当している地域の強味を再確認しておいたほうがいいということです。私が最も危惧しているのは、このコロナ禍によって、自らの地域の魅力を発掘することを二の次にして、あわてふためいて、やみくもに「新しいこと」、つまり「ニューノーマル」的なことに方向転換してしまうことです。これこそ最も危険です。それよりもやるべきことは、コロナ禍の最中でありながら、成長しているマーケットトレンドを把握し、分析し、そのマーケットに自らの地域がもともと持っている「強味」を投入する可能性を検討することです。

その際に、「観光資源」と「情報発信」を分けて考えることをおすすめします。情報発信は、そのままマーケットへのリーチとなりますので、新しく取り入れるべき手法が沢山あるでしょう。コロナ禍は、これまでも変化してきた情報発信の仕方のスピードを一気に加速したのは事実です。しかし裏を返せば、それだけのことに過ぎないのです。一方で、大切なことは、「観光資源」のブラッシュアップです。こちらは、コロナ禍に影響されることなく新しいトレンドも採り入れながら、粛々と進めていってほしいと思っています。

観光庁も2021年度には、Go To Travelを除いた総予算額を対前年度1・55倍の1061億6500万円と力を入れ続けており、なかでも「国内外の観光客を惹きつける滞在コンテンツ」関連には178億円を投入するなど、観光資源創出に高い期待を寄せています。

では、コロナの直前に、日本の観光振興はどういう動きを指向していたのでしょうか？

それは、ひとことでいうと、「地方に存在する地域資源を発掘し観光資源として活用することで、他の地では味わえないオリジナルな体験を提供。それを一事業者だけが実施するのではなくて、行政、観光系団体、地方経済界、そして、各種産業従事者と地域住民が総力を挙げて、取組み、観光客を呼び、地域が観光で稼ぐ力を身につける」という形だったのです。

■DMOという新しい担い手の登場

この指針は、業界の知見者はもう半世紀前から指摘し続けてきましたが、具体化されてきたのは、政府がDMOという組織体を各地域で作り、その組織体が地域の観光振興推進の旗頭となり、「観光で稼ぐ」地方を沢山作ろう、と言う方針を作って予算を投下した2015年がその「元年」と言えるでしょう。

ＤＭＯとは「Destination Management Organization（デスティネーション・マネージメント・オーガニゼーション）」の略で通常は「観光地域づくり法人」と翻訳されています。

ＤＭＯそのものは、各地域で設立を検討され、実際に活動を開始している所も出てきていますが、その事業戦略は当然ながら各ＤＭＯでバラバラです。しかし共通していることは、それぞれが、マーケティングに基づいて観光に重要な「観る、食べる、買う、泊まる、そして遊ぶ（体験する）」を各々関連させながら提供することで、各地域で唯一無二の価値を創出し、継続的に経済効果を高めていくことに凌ぎを削っていることでしょう。

魅力発掘プロデューサーは、このＤＭＯと同様の考え方で現場に入って直接的に価値を創出します。所属や肩書きなどは関係なく、あくまで、仕事の性質そのものから定義されます。ＤＭＯが最も人材不足と感じている「地域の観光推進のまとめ役」にもなります。具体的に観光プランにして集客する立場なのです。

ですから、魅力発掘プロデュースで最初に必要なこと、それは、従来の狭い意味での観光資源や観光の担い手だけに注目するのではなく、地域の様々な生業や、思いなどを知って、理解し、彼らの思いを後押しし、成功を呼び寄せるための具体的示唆を行うことです。そして、最終的には（その時はその土地を離れているかもしれませんが）、総力戦で観光客を呼び込むノウハウや具体的な方向性がその土地に根を下ろしていれば、よいのです。

PROCESS 1

情報収集

■観光の担い手を輩出する

最終的に「総力戦」となることをイメージすると、重要なのはキャスティング。つまり、観光客と相対峙することとなる地元の担い手の発掘です。私がやってきた実感ですと、観光分野ではなく、趣味や活動を本格的に取り組んでいる人をキャスティングして、異業種の方に紹介し、そこから新たな「体験型観光プラン」を生み出したケースが多いです。

このように、魅力的な人をまずは探し出す。そして、できれば「意気投合」して、地域の観光振興総力戦の最初の担い手になってもらうと良いでしょう。

私の場合は、彼らと、新たな体験観光プランを作り出しパッケージ化し、集客を実現してきました。キャスティングとご本人の意志次第で、コラボレーションした関係者全員がＷｉｎ-Ｗｉｎとなり、それがやがて大きくなって地元を巻き込んだ「総力戦」になっていくことを目指

観光の担い手づくり CASE 1

「年間200日以上動物園に通っているマニア」➡「モノレール会社」＋「地元の旅行会社」

「年間200日以上動物園に通っているレッサーパンダマニア（写真一番右の中野志保さん）」とひょんなことから知りあい、お話が大変おもしろかったため、彼女に「モノレール会社」をご紹介し、動物園とモノレールを彼女の案内で楽しむツアーを「地元の旅行会社」に働きかけて作ってもらいました。

観光の担い手づくり CASE 2 「薩摩琵琶の名手」➡「神社の宮司」+「商店街」

ある「薩摩琵琶の名手」が市内に住んでいることを知り、訪ねていって、地元の歴史秘話にちなんだ曲を作ってもらい、それを「神社の宮司」にお伝えし、夜の境内で演奏できるように仕立て「商店街」の協力を仰いで、夜のまち歩きツアーを作りました。（写真は薩摩琵琶奏者　北原香菜子さん）

観光の担い手づくり CASE 3

「奇特な学芸員さん」➡「海辺のレストラン」+「メディア」

縄文時代の貝塚から見つかった貝をプライベートで今も採集している学芸員さんに知己を得て、海辺の「イタリアレストラン」のオーナーにその貝の存在を伝え、古代貝のイタリア料理フルコースを作ってもらい「メディア」各社を誘って学芸員さんの話を聞きながら縄文時代の貝のイタリアンフルコース試食会を実施し、PR。新しい体験型観光プランを創出しました。

PROCESS 1
情報収集

観光の担い手づくり CASE 4 「映画のスタントマン」➡「公園管理者」＋「お茶処」＋「脚本家」

世界的に実力を認められているスタントマン（佐藤健司さん）が市内に住んでいることを知り、監督にプレゼンする際にプレゼン用スタントシーン動画を彼自身が作っていることに着目。ご本人が、構想していた一般の参加者を主役にしてショートアクション映画を作る企画のため、私自身が脚本を創作。そして、ある公園の「公園管理者」と「お茶処」経営をしている方にその構想を伝え、ロケ場所を提供してもらって体験型ツアーを作りました。

観光の担い手づくり CASE 5
「日本舞踊の稽古のお師匠」➡「町内会」＋「まちおこし企画プランナー」

日本舞踊の教室をされている方が舞台用の時代衣装を豊富に持っていることに着目。ご本人の地元に貢献したいという思いを聞いて、同じ時期に「レトロな町並みをPRしたい」と考えていた別の町内会の会長らを紹介。同じ町内の「まちおこし企画プランナー」に協力を仰ぎ、時代衣装を着てレトロな町なかを歩くツアーを開催。

し、打ち手を続々に繰り出すのです。

【その土地らしさを意識する】

ちょっと逆説的なのですが、観光振興において、魅力を発掘して商品化する際の最初の一歩としてのおつきあい先は、あえて「観光施設」や「旅行業者」、さらには既存の「消費者向け小売・サービス業」などからは離れていたほうがいいように思います。

その理由をご説明します。

まず、「観光施設」は、文字通り、観光客を集客することでビジネスを成立させています。そしてこれは当たり前のことなのですが、観光施設は、「観光業」を主業務として、そこにおいて、自社の利益を最優先します。一方で魅力発掘プロデューサーがやろうとしているのは、最終的に「地域に価値を還元すること」です。ですから、共に手をとって並走しても、おもいがけないところで食い違いが出てくるケースがままあるのです。また、観光施設は、当然ながらマーケットを多かれ少なかれ把握しており、その考え方に自信をもっているはずです。しかし時としてそれが、自由な企画立案を妨げることになりかねません。特に今日のコロナ禍下のように先行きが見えない所で、各社経営が行き詰っている時では、死にもの狂いで「自社の利益」を取りにいこうとするのは当然ではあります。こんな時に、地域共存など一見「理想的なこと」を伝えても、実績がないはじめのうちはなかなか言葉だけでは動かせないかと思います。また彼らにとっては外部からの新しい企画の提案は社内で通りづらいことも増えてきます。慎重になるのはいたしかたございません。ですから、「観光施設」をはじめ旅行会社も含めた「観光業者」よりも、最初の一歩はむしろ「観光業など考えたこともなかった」人々と始めたほうがよく、そして、企画が出来た段階で、観光業者にお話をもっていき、パートナーシップを結びます。これができて、一定の成功を納めれば、それは、その観光業者にとっても、結果的に、新たな価値が付加されたということにつながります。そして、これが、俯瞰すれば、「地元の観光施設に新しい価値が備わった」ことになりますから、観光施設がすでにもっているＰＲチャネルに新しい魅力を孕んだ企画として乗っかることができます。

次に、「消費者向け小売・サービス業」についてです。通常単一の業界をターゲットにして新たにビジネスを始める場合は、その業界の中の見込み客が多く取れるように考えると思います。そしてそのためのポータルやフォーマットを作って、ローラー作戦などで顧客に案内し、より多くの顧客を獲得しようとするのが基本でしょう。しかし魅力発掘から地域の観光振興を進めるにあたっては、私はこのやり方に疑問を感じています。むしろその正反対の考え方で「小さく始めて、早めに成功体験を培う」ほうが良いと思います。なぜなら、魅力発掘プロデューサーはまず自由なはずです。「何を面白く感じるか」はまったくの自由、いわば、あなただけの特権なのです。そして、「これは面白い！」と思ったものは、なにかしら、「面白く感じさせる」理由があるわけです。大抵の場合、その「面白い」理由は、同業他社の同じような商品にはあなたがこれまで感じられなかった、なにかしらエッジが立ったものをその対象（あなたが面白いと思った商品）が持っており、そこに共鳴してあなたが興味をもったことによります。

もし、魅力発掘プロデューサーが「面白い」と思って発見したつもりのものが、他でもやっていたり、沢山あったりしたら、それは本人の視野が狭く、経験が乏しかったからと思いましょう。ただ、魅力発掘プロデューサーは、まずは自分の感性を大切にしないと次への展開が生まれません。観光業の専門家のように、大上段から「トレンドがこうだから、まずこうあるべきだ」として、フォーマットを作って埋め込んでいく作業ではなく、その反対に、現場で好奇心のアンテナを張り、そこに引っかかって来たものだけを掬い取る。そして、その面白さを探求し、納得がいったら、その「面白さ」のベクトルを伸長できないかと、さらにブラッシュアップできるよう考え、対象に働きかける。その現場ならではの「感触」を大事にしてほしいわけです。大抵の場合、そんなアンテナにひっかかるお店や人物は、けして一般的ではない。他の同業他社には見られない、なにかしらキラッと光る特徴や個性があなたには見えたわけです。それを他の同業他社に求めるのは時機尚早です。むしろ、へたに同業他社にエスカレーション（普遍化し展開、転用する）しようとすれば、本来の持ち味が希薄になり、あなたが自ら見つけた魅力を見失うことになりかねません。そう、「薄くする」のではなく、逆にしっかりおっ

PROCESS 1

情報収集

きあいを深め、深く考え「濃くする」のです。どんどんその魅力の本質を探究していくのです。この「掘り下げ力」こそが魅力発掘プロデューサーに不可欠な力だと考えています。

最後に「旅行業者」です。

業界で中心的な存在は、旅行会社ですが、旅行会社は伝統的に客を旅先に「送り出す」ことを中心としており、客をその地元に「呼び寄せる」ことが主業務でありませんでした。ですから、地元に目を向けて観光資源を掘り起こす必要が希薄だったのです。また旅行会社の売り上げは地元のお客さまを地元から出発して、海外を含めた遠くの観光地に旅行に連れていくことが中心でした。さらに「交通手段」や「宿泊施設」を仕入れ、そこに付加価値などをつけて売り上げを上げる機会を作りマージンを得ることでも成り立っていますから、当然、「長く」「遠く」または単価の高い「高級な」宿泊料のほうが儲けが高いわけです。さらに、業界のルールとして、それらの手数料は、「受け入れる地域」の旅行会社が取るのではなく、「送客する側＝発地」の旅行会社の儲けになりますので、旅行会社は、地元に客を呼ぶよりは、地元の客を外に、なるべく遠くに長く連れて行きたいというのが本音かと思います。これが旅行業の基本的な構造です。旅行会社の中では「意識改革」が必要だとして、従来の「発地型旅行事業（アウトバウンド）」ではなく、「着地・受け入れ型旅行事業（インバウンド）」に力を入れようとしているところも出てきており、政府も後押しをしているのが現状ですが、なにぶん、収益が十分ではなく、事業を軌道に乗せるのが難しそうです。以上の理由から、本来は「旅行のプロ＝

地元の観光の魅力のプロ」と思われがちな地元の旅行会社が地元の「観光集客による地域振興」に目を向けてこなかったのが現状です。ですから、魅力発掘プロデュースをしていく上で、旅行会社から「地元観光資源」に対する知見を得ようというのは無理があり、「旅行業者ならではの集客技術を活用したい」と言う場合でもこのような旅行会社の事情を事前に知っておくといいと思います。私が、この章で、「地域資源を発掘して、観光資源化するための情報収集」の初期のプロセスでは旅行業者から「離れていたほうがいい」というのはそういう理由です。またコロナ禍で加速する「個人向け、短い期間で近場で」というトレンド（「マイクロツーリズム」といいます）に対しては、旅行会社も手探りの状況でありますから、今後は地元志向の強い旅行会社が増えてくる可能性はあるといえ、今時点では、知見を得ることは高望みでしょう。魅力発掘プロデュースを進めるにあたり気をつけておきたいのは、「最初は小さくつくること」。ですから、いきなり大きなマーケットをマスに向けて打ちだしたいがために、せっかく発掘してリリースしようとしているその土地ならではの観光資源に、より一般受けするよう他の地域での成功例などを移植すると、結果的にその土地らしさが雲散したり、コンパクトな持ち味を消すことになりかねないと思っています。旅行会社の「キャンペーン」など流通面での強みに頼りっきりで、自前努力を怠ることなどないようにしていきたいものです。

PROCESS 1
情報収集

■「文化」は欲望の化身

「その土地らしさ」とはなんでしょうか? それは、ひとことで言うと「文化」です。「文化」とよく似ている言葉に「文明」があります。観光振興を考える上で、実はこの「文化」と「文明」の違いをなんとなくでもいいので知っておき、肌感覚で感じられるようになったら今後は有望です。以下、私が意味する「文化」と「文明」の違いをお伝えします。

文化…人間の社会的営みにおいて、ある地域(または時代、属性など)にだけ顕著に表れ、他の土地では顕れていないもの。
文明…地域の別なく、その時代に生きているすべての人々が享受しているもの。

おわかりいただけたでしょうか?

「文化」とか「文明」とかを語ってしまうと少し難しくなるので、ぐっと簡単にします。これまでで友達(恋人でもけっこうです)ができた時のことを思い出してください。人と人との心の距離がぐんと近づくにはパターンがあると実感しています。ひとつには、「自分とはまったく違うタイプの人だと思っていたのに、自分と似ている所があることを知った時」。もうひとつは、逆に「自分に似ていると思っていたのに、自分には到底あり得ない違った面を知った時」です。この意味するところをじっくり考えてほしいと思います。よくこれらを総称して「意外性」と言いますよね。「あの人って意外と可愛いところあるね」とかで言われるその「意外性」です。この「意外」が生まれる前提は、すでにいくつかの先入観「こう思っていた」があることです。そして、それが覆された時に、新たな刺激（「発見」とも言えます）を受けて、それが心地良いのですね。

つまり、「違うと思っていたものが実は同じ」だということを知って、そこに「親近感を感じ、好感情をもつ」または「同じだと思っていたものが微妙に違う」ことを発見して、「その違いを知ることを楽しむ」ということとなるでしょう。

今は、対人的な設定をしていましたが、これを「地域」で捉えてみてください。そして、訪れた地域が「違う地域だと思っていたのに、似たところがあった」や「同じだと思っていたのに微妙に違う」という感慨こそが、旅の醍醐味の本質だと言えると思います。

つまり、旅の醍醐味は、その土地の文化を知ることです。そして、その文化と、自分が属している文化の違いの濃淡が、魅力の多寡を構成しているのです。これなどは外国人旅行客（インバウンド）を念頭に置くとスムーズに実感できますよね！

さて、結論を申しあげましょう。地域振興のためその土地の魅力を発掘し観光客に見せるには、「人類が生きている上で共通に持っているもの（「欲望」と言いかえられます）」に乗っかった上でその顕れ方が、その土地固有のものかどうか推し量るといいのです。その「欲望の顕れ方」が「文化」なのです。

それでは、人類が共通に持っている最も原初的な欲求とは何でしょうか？　それは、「食欲（食べたい）」「性欲（まじわりたい）」「睡眠欲（眠りたい）」の三大欲求です。これがないと人は生きて行けないという生理的な欲求だからです。そして、この三大欲求は「私たちがみな共通に持っている」という暗黙知があるからこそ、それが「文化的違い」として顕れる時に初めて私たちはそこに魅力を感じるのです。

こうして考えていくと、その土地らしさとは、まず訪れる客自身が訪れる先とは別に、彼の志向を育んだ文化の内部にいる人間であるという前提があり、その彼自身が属する文化的背景と、訪れる地域の文化との間に共通にある前述の3つの欲望の質や見え方の差異こそが、「その土地らしさ」であることになります。つまり、その土地らしさは、固有のものではあるものの、それが魅力的かどうかは、訪れる人により違うわけです。ですから、「その土地らしさ」を武器として行う地域の観光振興の魅力発掘プロデュースのプロセスとしては次のような三段階を経て進められます。

（1）その土地固有の文化の掌握　（客観性を重視）
（2）右記（1）の魅力度の目利き　（この段階では魅力発掘プロデューサーの主観）
（3）右記（2）の結果と、来訪客が（1）を見て感じる魅力度との「差異」の認識

順を追うと、①地域文化の掌握➡②地域資源としての抽出➡③観光資源への昇華　となります。

ひとつ、私の実感した例を挙げましょう。

私は、東京から転勤で福岡に行った初日に、地下鉄の中洲川端駅を出て、目についたお店で「博多うどん」なるものを食べました。そして一口食べて驚きました。私が東京で知っているうどんとは硬さが違い、ふにゃふにゃだったのです。数あるうどんの中でも讃岐うどんに代表される「コシのある」うどんこそが美味しい、と思っていた私は、「もう二度と博多うどんは食べまい」と思い、福岡滞在中は「博多ラーメン」にばかりうつつを抜かしていました。

5年の歳月が経ち、私は再び福岡から転勤で東京に戻ってきました。そんなある日の昼食時。新しい職場の同僚となった生粋の博多っ子と食事に出ると、オフィスの近くに「博多うどん」をうりにしているお店があるではありませんか。博多愛の深い同僚は、即座にのれんをくぐり、一緒に博多うどんを食べることとなったのです。人生二度目の博多うどんです。彼との話は当然のように博多の話になり、私が「博多うどんを赴任初日に食べた」というと、興味津々で「おいしかったか?」と聞きます。私が正直に答えると、彼は、「桜井さん。博多うどんをうどんと思って食べてはいけないんだよ」と言うではありませんか。聞くと、「博多うどんは、ワンタンだと思ってください。噛み応えでなくて、喉で味わうんです」と。私は心底驚きました。同じうどんでも、味わいが違うというのは、地域差もあることだし、理解はできるのですが、食べ方(というか認識の仕方)自体が違い、その認識に沿えば美味に感じる、という事実に気づいたのです。そして、彼の言う食べ方で博多うどんを食べてみましたが、思わず彼に向かって「うまいっ！」と叫んでしまいました（笑）。

たわいもない昼食時のエピソードかもしれませんが、ここには、先ほど書いた「その土地らしさ」を魅力的に感じられるプロセスが、やりとりの中にすべて含まれています。

「うどん」という誰もが知っている食べもので、もちろん私も「うどんとはこういうものだ」と自らの無数の経験から知っていました。つまり、うどんに対する認識が当然備わっていたからこそ、その「うどん全般」に対する私のもつイメージと、博多うどんとの違いが際立ち、その「博多うどんらしさ」がまざまざと生きたわけです。これが、もし、私がうどんをまったく食べたことがない人間（たとえば外国の方とか）だったなら、ここまで強烈なインパクトは残せなかったはずです。なぜなら、そもそも事前にうどんに対するイメージがまったくないからです。さらに、もし、彼がこの時に食べ方を教えてくれなかったら、私は相変わらず博多うどんが苦手であり続けていたと思います。そう、本人が属する文化次第で、訪れた別の地の文化の魅力の濃淡が変わってくる。そんな真理を意図せず私に伝えてくれた彼は、今思えば、腕利きの魅力発掘プロデューサーだったかもしれません（笑）。

実は、私がその後、魅力発掘プロデュースをライフワークにしようと決めたのは、まさに、この時の経験が発端だったことを白状しておきましょう。

【昼夜問わずのコミュニケーションが必要な理由】

その土地らしい魅力を知るには、どうしたらいいか？　最も手堅い方法は、「ひたすら見る」ことです。心を虚ろにして何度でも見るのです。見るということは、知ることにつながります。何度でも見ることでおのずと深く知ることができます。結果的に、魅力発掘の質を高めることになります。

さて、とはいっても、その土地に生まれ育ち今後もそこに暮らす人ならいいのですが、多くの場合、地域活性を観光振興から考えるプロフェッショナルは、そうでないケースが多いでしょう。特に、コンサルタント業務を請け負う立場の人でしたら、数回出張にきて、ワークショップなどを実施して方向性を出してまた急ぎ東京に戻る、などということを望む望まぬにかかわらずせざるを得ないのが地域の観光振興の実情です。

しかし、それでも「可能な限り多く、長く見てほしい」と私は思います。

たとえば、赤ちゃんの身体の異変に最初に気づくのは、いつだってお母さんです（なかにはお父さんかもしれませんが）。それは、お母さんが一番赤ちゃんをちゃんと「見ている」からです。「あれ、今日は少し顔色が悪いな」と、他の人が見ても気がつかないちょっとしたことでも「いつも見ているから」わかるのです。そう、「見ること」とは、「愛すること」と同じなのです。

それでは、時間に制限のある魅力発掘プロデューサーはどうしたらいいのでしょうか？

一番の理想は、その土地に期間限定で住むことです。住人になってしまうことです。勤めで通ってくるだけではけして知りえないことが24時間を通してわかってきます。肌感覚が違ってきます。

もしそれもかなわぬということでしたら、意識的に様々な時間で、その土地と接点をもつといいでしょう。具体的には、四季折々にその地域を訪れてみる。そして、一日の中でも、早朝と夜の空気感を感じる。場合によっては、雨や雪の日なども、その地に行ってみることをおすすめします。このように、同じ地域資源ひとつに相対するにしても、時間帯や季節を様々変えてみると、それまでは見られなかった魅力にばったり出くわすことが多々あります。

そして、もうひとつ、人とのお付き合いにおいては、「昼夜を問わずコミュニケーションをとる」ことが大事だと思っています。これは、いかに「心を開いてもらえるか？」に関係する事項です。「仕事のために来た」「都会から来た」というと、どうもその印象は冷たい感じを与えてしまうらしいか

▶著者が市内を視察していた時に見つけた人面魚。かなり昔メディアで注目された人面魚だったが、ある方に「どうやらこのまちの神社の堀にもいるらしい」と聞いて以来、堀にいくたびに水面を見つめ、ついに発見。後にまちあるき時の小話に取り込むこととなる

らなのです。もしあなたが東京に住んでいたら、地方に行けば行くほど「東京から来た」というだけで、一種の偶像ができてしまうことを知っておいたほうがいいです。なかには「東京から来た」人というだけで、自分のもつ実力以上に買い被ってしまわれかねないケースもあります。地域と誠実に向かいあう上では、自戒を込めて知っておきたいものです。

地方は、仕事だけでは割り切れないお付き合いが都会より多いです。そして、この普段からの「お付き合い」こそが、いずれ観光振興に向かう時に大きな力になります。私の場合は、お酒を飲みながらいろいろなお話を聞くのが好きで、昼夜の別なく、というより、「夜」メインでした（笑）。定期的に親しさを増す飲み会を企画していました。

地方の中核都市であれば、大企業の支店がありますから、そこのトップなどと定期的にお付き合いすることで、様々な知見が得られます。いざ動こうとした時に動きが早くできる。また、彼らも転勤で来ているわけですから、転勤生活を楽しもうという意欲が高いので、魅力発掘プロデューサーと話があわないわけがありません。一緒に出掛けたり、会合をしたりなどという「ともに楽しむ」関係が、いずれ仕事が始まった時に大きくものをいいます。私の場合は、各メディアの支社長やデスククラスの方とお近づきになれたので、取材される機会もたくさんいただけました。彼らとはその土地を離れても、なにかあるごとに皆集まって楽しい時を過ごすおつきあいが生まれています。

■愛をもって「ひたすら見る」人を捜す

同じ場所にひたすら行きつづけて対象を見ていたことで、世間的に注目された方が友人に二人います。

一人は、先にもお伝えした、「年間200日以上動物園に通うマニア」〝風子ちゃん〟こと中野志保さんです。彼女は特にレッサーパンダが大好きでなかでも千葉市動物公園のレッサーパンダ、二本足で立つことで話題をさらった「風太くん」がお気に入りでした。一人のファンに過ぎない彼女は、その後テレビなどでマスコミにも登場することとなりましたが、そのきっかけはある春の日のことでした。その日、千葉市は季節外れの大雪が降り、地元のメディアは大雪が積もった地元の名所の撮影に入っていました。(以下、彼女の回想をもとに再現します。)レポーターが「ご覧ください。ここ千葉市動物公園もあたり一面の銀世界。園内にはひとっこひとりいません」と言って、後ろに目をやると、レッサーパンダの前にひとつの人影が見えたのです。「あ、ひとりいました。」とレポーターは急遽予定を変更し、彼女にかけよりインタビューしたのです。その時の彼女の「雪が降れば、普段と違うレッサーパンダの様子が見えて、それはそれは趣深いんです」というコメントが話題になり、その後、メディアから「おもしろい人だ」ということで出演依頼が続いたということなんです。

おわかりでしょうか？　彼女が一年のうち200日もレッサーパンダの所に来てただひたすら「見て」いなかったら、彼女のその後はこうはならなかったでしょう。

もう一人の方は、佐賀で知り合った飯田豊一さんです。彼は、仕事帰りにいつも有明海の風景を撮影することを日課としていました。職場から家に帰る途中に海岸に行って、毎日撮り続けてはSNSに上げていました。そんなある日、有明海の干潟の上を、大きな魚を口に咥えて歩く一匹の狸を目撃したのです。干潮だから歩けるとはいえ、海の中を歩く狸など見たことがなく、慌ててシャッターを切ったといいます。その写真は、またたくまに話題になり、ネット配信ニュースの全国トップ記事になったほどでした。その後、彼が以前よりも多くのファンを得て、写真個展などを通して新たなファンもでき有意義な交流を続けていることは言うまでもありません。

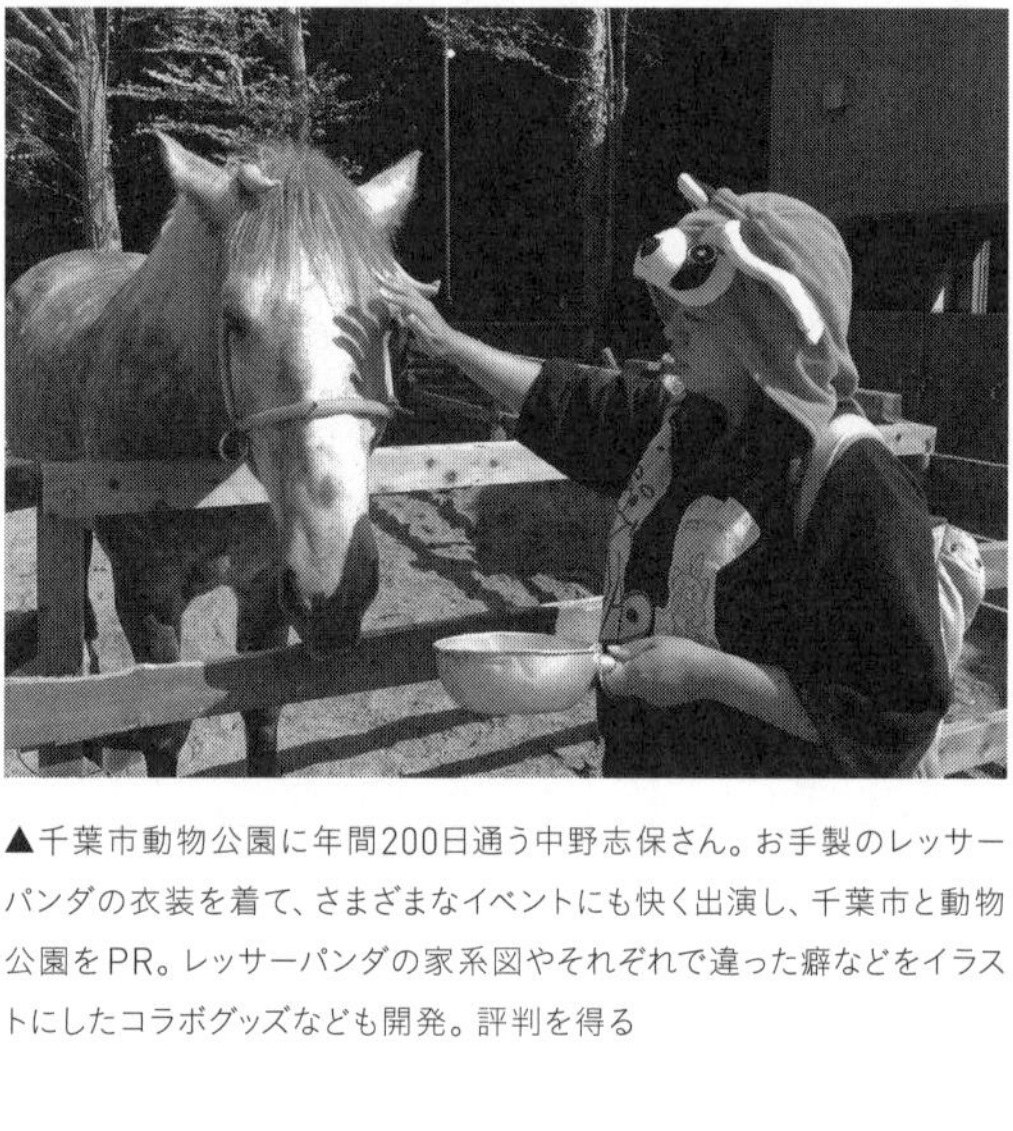

▲千葉市動物公園に年間200日通う中野志保さん。お手製のレッサーパンダの衣装を着て、さまざまなイベントにも快く出演し、千葉市と動物公園をPR。レッサーパンダの家系図やそれぞれで違った癖などをイラストにしたコラボグッズなども開発。評判を得る

中野さん、飯田さん、おふたりに共通していることがありました。それは、「好きな対象をひたすら見続けていたこと」。そして、「様子は毎日異なる」という「違い」がわかるようになっていて、その違いを「知って楽しんでいた」ということなのでした。

おふたりの年月には遠く及びませんが、私も、もともと何も知識がないところでその土地に参り、様々なものを貪欲に吸収し、地元の人と友好関係を築かなければできない仕事ですから、とにかくインプットの機会があれば、積極的に動いて対象に触れる機会を増やしました。

■すでに「まちおこし」に取り組んでいる人と出会う

ある商店街の活性化を実践している方とは、毎朝、お互いに散歩して、途中で落合い、そこで缶コーヒーを飲みながら、昨夜

▲「夕陽は毎日違います。その日限定の夕陽しか観る事ができません」と飯田さん。そんな有明海の自然に魅せられて毎日撮りつづけて約15年。ついにこんな貴重な光景に遭遇した

思いついたことなど、様々な話題でおしゃべりしていました。ほぼ毎朝の日課でした。私は、新参者ですから、すでに住んでいる方皆が先輩になります。ですから、お話をきいて吸収できることは限りがありません。1年住んで10年分くらいの情報を得るつもりの心意気と実行力が必要かなと思いました。

魅力発掘プロデュースのパートナーとなりそうな候補者は、大抵の場合、本業を別で持っている方です。ですから、本業の仕事が終えた後や、休日などが主な活動時間になります。その方との関係を強めようと思ったら、必然的にこちらも平日のビジネスアワーではなくなります。ですから、仕事の始業終業時間はあってないようになります。

では、なぜ、そのパートナーの候補者が「本業は違う」のでしょうか? これは、「観光まちおこし」とは、ある種、その土地の公共の利益のためにやっているからで、自分の商売のためにやっているわけではないからです。本業にプラスになるから取り組んでいる、ということが、後ろめたいように感じさせるほど「純粋」に地元に貢献したいという思いでやっている方が多いのです。ですからいざ、仲間を集めようとするフェーズになったときも、「あの人は結

▲筆者の佐賀での強力なパートナー、中本英一氏。ナイトウォークツアーや「幕末・維新　佐賀の八賢人おもてなし隊」「12賢人バッジ」などの企画をデザインや運営面で強力にサポートしてくれている。また「八福猫団」(P82)は中本氏が形にしていたものを筆者がエピソードを調べ観光資源に昇華した連携プレーで完成

局は自分の仕事に見返りがあるようにやっているんだろう」と白眼視されてしまう危険性はありません。実際はどうかはわかりませんが、私の経験でも、純粋に意気投合してパートナーになれた仲間は、そのような「本業への好影響」を第一に考えて始めた人はいませんでした。よく、地域活性に必要なのは、「若者、ばか者、よその者」といいますが、魅力発掘プロデューサーはまさしく「よそ者」で、そのパートナーになってくれる人だから「ばか者」という称号がふさわしい方々なのかもしれませんね。

【文献に当たる】

その土地についての情報収集で、人に会うこと同様に重要なのは文献を読むことです。インターネットで検索することも当然ありますが、地域には、デジタル化されていない貴重な文献が沢山あります。一番のおすすめは図書館の郷土コーナーです。ここはあなたの「先輩」のような人からの贈り物の宝庫と言えます。地元の人でもめったに手にとらないような、分厚く、ちょっととっつきづらそうなものでも、ぱらぱらめくってみてください。「誰も読まないよな〜」などと思える本ならなおさらチャンスです。そこに書いてあることがまだあまり知られてない可能性が大だからです。また、地方紙も面白い。もともと新聞は社説以外は事実を客観的に報道する「ニュース」が多いのですが、地方新聞になると、いわゆる「町の話題」的な情報も丹念に記されています。さらに、新聞などで紹介された人物には、今現在現役でそれに取り組んで、なにかしら新聞に取り上げられるような現在進行形のバリュー（新しさ、珍しさなど）があるはずです。つまり、後に観光振興策を実践するにあたり、おおいに助けを得られる現役の、〝旬〟の人物としてパートナー候補ともなることを覚えておいてください。

これら地方紙で特徴的なのは、新聞社の敷居が高くないことです。地方紙はフランクな記者さんが多く、ある意味、地元を盛り上げるという共通の目的があるはずですから一度親しくなったら、それぞれの立場で地元のために貢献するいい関係を築くことが期待できるでしょう。

■佐賀の史実を基にした観光資源づくり

私が魅力発掘プロデューサーとして本格的に仕事を始めた佐賀市では、この「文献にあたる」ことで、今に続く佐賀市の新たな観光資源が作れたと思っています。２つご紹介します。

●「幕末・維新　佐賀の八賢人おもてなし隊」

江戸時代、佐賀市を中心とした一帯は鍋島家がおさめる「肥前鍋島藩」でした。歴史観光の可能性を探っていた私は、佐賀に来て、この地から幕末・維新にかけて、多くの人材が世にはばたき、明治日本の礎作りを担っていたことを知りました。早稲田大学をつくった大隈重信や、

PROCESS 1

情報収集

日本赤十字を作った佐野常民、さらには明治政府の初代司法卿、江藤新平など。私はまったく知らなかったのですが、佐賀では彼らを、古代中国の「竹林の七賢人」になぞらえて「佐賀の七賢人」と見なしていたのです。そんな文献をいろいろ読んでいた時に、『佐賀の八賢人』という地元郷土史家が作った本に出合いました。「あれ、7人じゃなくて、8人なのかな?」と疑問に思い、読んでいると、佐賀から中央に進出した偉人は確かに7人なのだが、彼らの青年期に多大な影響を与えた人物がいたのでした。それが、その本で著者が紹介している8人目の賢人「枝吉神陽」でした。

枝吉は、若者を教え導くカリスマ指導者で、ちょうど同じ幕末期に山口県萩（長州藩）で、桂小五郎、高杉晋作、伊藤博文らを教えた師匠、吉田松陰のような立ち位置にありました。そして、松陰同様、枝吉も、明治の世になる以前に夭折してしまったので、中央には出ずに後の

▲県下の実力派役者8人を集め、佐賀の歴史顕彰の担い手として組織した『幕末・維新　佐賀の八賢人おもてなし隊』。写真左より枝吉神陽、江藤新平、大木喬任、鍋島直正、佐野常民、島義勇、副島種臣、大隈重信。人物像と業績を調べてキャラとテーマカラーなども設定、コンセプトを整えた。

具体的な業績には名が残っていなかったのです。しかし、この枝吉の教えは、若者たちのその後の活動に大きな影響を与え、佐賀から中央に出た賢人たちの精神には、枝吉が唱えた「人道主義」が色濃く反映しているように私は感じました。「大隈や佐野など個別の偉人は有名だとしてもそれは、大隈は早稲田大学、佐野は日本赤十字社といった集団に帰属された顕彰で終始しがち。彼らが共に佐賀出身だったという事実は注目されていない。だからこそ、彼らの若い時に大きな影響を与えた枝吉を語ることで、本当の意味で佐賀の精神的土壌と、文化が伝えられるのだ」と確信した私は、「佐賀の七賢人」に枝吉を加え8人とし、「佐賀の八賢人おもてなし隊」を構想。地元の演劇家・青柳達也氏を訪ねて行き相談を持ちかけ、県内で活動している役者を8人集めてもらい、歴史寸劇を観せるユニットを作ったのです。この活動は8年目を迎える今も続いており、のべ8万人の方が観劇を楽しみ、今では佐賀の歴史観光の新たな担い手としての地位を築きあげています。すべては、佐賀県立図書館で閲覧し、その後購入し私の愛読書となった『佐賀の八賢人』福岡博 著（故人）との出合いがなければ、生まれませんでした。

●「今日は何の日？　毎日が記念日！　佐賀暦」

この「おもてなし隊」とは別に私が地域資源として収集・編集したのが「佐賀暦」です。

これは、佐賀が歴史観光で集客できるように、一年365日各日にあてこめて、「今日は、どんなことがあった日か」を戦国期から佐賀の八賢人が活躍した明治維新期まで丹念に調べあげて作った日別のデータベースです。私は約2年弱、ひまを見ては、佐賀県立図書館の郷土コーナーや本屋の郷土コーナーを訪れ借りたり購入したりして、約200冊を読み切り、一個一個丹念にエクセルデータの365のセルに落としていったのです。完成した時には思わず叫びたくなるくらい感動しました。思い立ったのはいいけど、本当に完成するかはわからなかったからです。なぜこのようなものを考案したかと言えば、佐賀は、薩摩の西郷隆盛や、土佐の坂本龍馬に匹敵するようなビッグネームはいませんが、その分、明治維新の国の礎作りに八賢人に代表されるような多くの人材を輩出し、かれらが大変よく働いたらしく、いわゆる「○○を開始した」などの業績が多いことに気付いたからです。そして、もし、365日すべての日で、なにか佐賀にまつわること、佐賀の八賢人が日本のためにやったことなどが見つかれば、地元の貴重な地域資源になると確信していたからです。この「佐賀暦」が完成したニュースは、地元の新聞でとりあげられ（P13）、その後、歴史観光の関係者に配布するなどしたため、今では、佐賀城本丸歴史館の玄関口に、「今日のできごと」として紹介されるようになりました。観光客にとっては、いつ行っても「今日ならでは」のことがわかり、ガイドさんの館内案内などでも、その日ならではのエピソードの挿入の元になっていると聞いています。

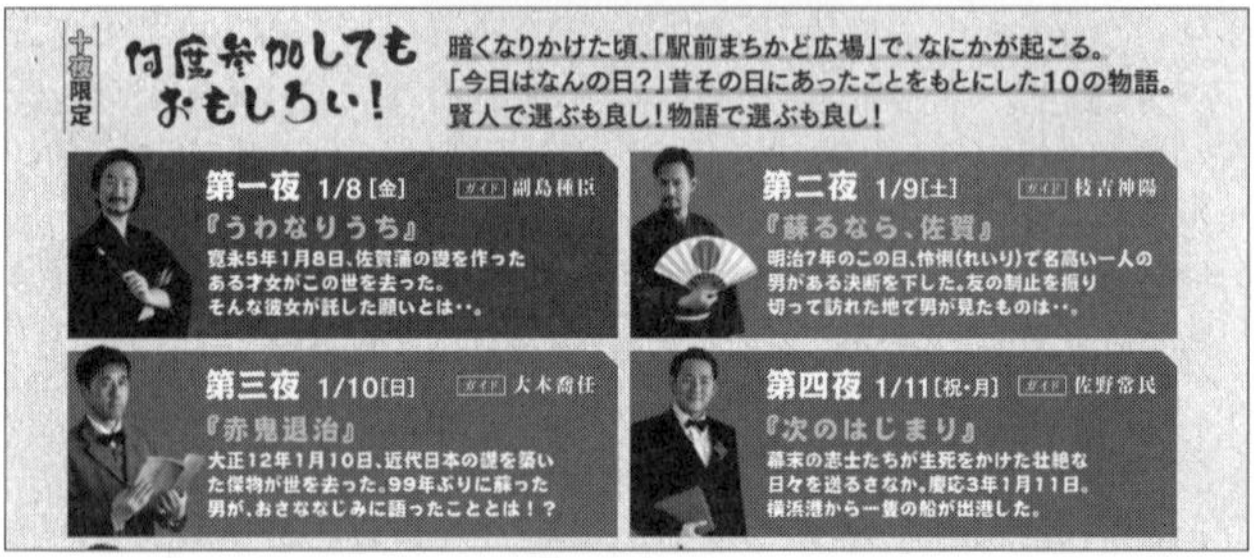

▲2021年2月にはこの「佐賀暦」のその日の出来事をもとに脚本を作り、ストーリーツアーを開催。一夜限りの物語として、その出来事に関係する賢人が登場しガイドする新感覚の試みでおおいに話題を呼んだ（（一社）佐賀市観光協会主催）

PROCESS

2 ▶ 素材を見つけて さらに掘り下げる

千客万来 招く猫団

佐賀県庁通り商店街

8匹、街再生に一役

佐賀県庁前の路地を散策すると、道ばたで、駐車場で、思い思いに過ごす猫たちに出会います。どこにでもいる気まぐれ猫のようですが、もしかすると、まちの再生に活躍する「福の神」かもしれません。

（谷川季実子）

街路樹のイルミネーションが輝く中央大通りから1本脇に入った「県庁通り商店街」。金曜日の夜7時前、中年の男性6人がちょうちんの明かりを頼りに「八福猫」を探して歩き回っていた。

佐賀観光協会が期間限定で主催した「佐賀のお城下 ナイトウオークツアー」の参加者たちだ。ガイドの桜井篤さん(45)がベトナム料理店前の塀を指して「ここが、かげちよの『恍惚の摩天楼』です」と紹介する。店に居着いたメタボ気味の猫「かげちよ」が、やっとよじ登って満足げにしている場所という。かげちよは、あいにく不在。残念がる参加者を店主が熱い茶でもてなした。

ツアーでは商店街の北端にある龍造寺八幡宮を出発し、1時間半かけて「猫スポット」14カ所を巡った。かげちよら8匹の「肥前佐嘉八福猫団」に会えるかどうかは運次第。10～11月に28回行われ、県内外から計407人が参加した。

県庁本館の正面に延びる約500㍍の同商店街は47店舗が軒を並べる。昭和30年代以降、中央大通りに押されて寂れた。復活を託された「八福猫団」は、商店街にある百貨店の企画部門に勤めた中本英一さん(61)が仕掛け人だ。七福神をヒントに「八幡宮」と佐賀鍋島藩の「化け猫騒動」をかけた。弁当店などで世話する6匹に宝石店の飼い猫2匹を加え、昨秋、それぞれの居場所にイラスト付きの看板を立ててデビューさせた。

その頃、桜井さんが佐賀観光協会の商品開発担当に採用された。1匹ずつ性格まで説明した看板を見かけ「きめ細かさにピンと来た」。ツアーを企画すると、じわじわと人気に。8匹全部を見つけようとたびたび足を運ぶ人もいる。

勢いづいた商店街は、1匹ずつ名刺やTシャツ、バッジを用意。洋菓子店は猫顔型クッキーを焼き、画材店はイラスト入りの額を売り出した。

「にぎわいを取り戻すためにできることを、みんなが考えるようになった」と氷問屋の岩瀬伸さん(52)。八福猫団の最初の4匹を手なずけた弁当店主でもある。「人に懐かない看板猫では困る」と頭をなでられても平気なようにしつけ、メス猫は避妊手術も受けさせて、周囲の理解を得るよう努めてきた。八福猫のうち「おきく」と「ちびた」は行方をくらまして帰って来ない。岩瀬さんは今、「おふく」の子「くまお」と「ダイビングよしお」の適性を見極めている。来年2月のツアー再開までに仲間入りさせたいという。

車の下でひなたぼっこをする、肝っ玉母さんの「おふく」

芸達者の「かげちよ」。機嫌が良ければお手をする

「こかん」は「おふく」の子。最近、子猫を生んで貫禄が出てきた

眼光鋭い「おかん」。気が強く、右耳は雄猫とけんかして負傷

宝石店の「めぐ」は、鍋島藩の化け猫騒動にちなんで与えられた鍋に納まる「鍋入り娘」

行方をくらました「おきく」のイラスト

宝石店の「たろう」は体重7㌔超、天然本真珠の首輪を着けたセレブ猫

行方をくらました「ちびた」のイラスト

朝日新聞2010.12.14　西部本社版夕刊一面

PROCESS

2

素材を見つけてさらに掘り下げる

• • •

さて、このような情報収集を続けていくと、「うん、これは面白い」とあなたのアンテナに引っかかるものが出てくるはずです。そうなったら、その対象についてさらに深く調べてください。そして、「面白い」レベルを超えて、**「これはすごい」「感動した」**と思えるくらいになってほしいものです。現地で実際に見て感じて、調べ尽くして、その面白さを堪能してください。**話を聞いたら、その人自身をキャスティングする**のもいい試みです。そして魅力の**「本質」は専門家から探り、本物から学ぶ**ことをお奨めします。

また、**ネットで検索**して、ネットではどれだけ掲載されているのか、その質と量を確かめてください。この作業は重要です。ニュースバリューが計れる点と、既出の魅力とは違った打ちだし方をするために役立つからです。さらに、「物語化」を進めるにあたり、魅力を際立たせる調べ方の手法としては**民俗学的アプローチ**をお奨めしたいと思います。

そのようにして地域資源に対して自分が感じた「面白さ」を自問自答して、もっとこうなれば**私にとって魅力的に感じるなぁ、と妄想**してほしいのです。地域資源を観光資源に進化させるプロセスの要諦はこの「妄想力」です。

このプロセスは魅力発掘プロデューサーの**「発掘」面でのクライマックスで、それは時として「名前」をつけることで完成します。**一連の仕事の中で最もあなたらしさが発揮できる段階ですから、楽しい作業になると思います。

【「これはすごい、感動した！」】

■発掘した素材で「感動」することが必要な理由

「これはすごい！」「感動した！」と言えるくらいになっておくことがとても大切なのには、実は、コロナ禍下の現在こそ顕著になっている私たちをとりまく世相によるところがあります。

現在、観光・旅行業界は「コロナ禍」に加えて「台風や猛暑、地震」など天災も年々頻発・大規模化し、まさにダブルパンチを受け、ノックアウト寸前と言わざるをえません。しかし、この業界に思いの強い方々は、立場を越えて少なからずおります。旅が好きで、学生時代に旅先で人との掛けがえのない体験を経て、旅行業界に飛び込み、湾岸戦争やリーマンショックなどに耐えてここまで地道にがんばってきた旅行会社の社員や添乗員。過疎化や経済の地盤沈下で活気を失ったまちなかをなんとか今一度盛り上げたいと歯を食いしばってがんばる商店街のリーダーたち。さらには、歴史を語るボランティアガイドとして人類の知的財産を後世に伝えたり、環境保全と意義の継承をはかり、自然の大切さを来場者に分かりやすく伝えている施設管理のスタッフなど。観光に直接間接的に関わっている方は多かれ少なかれそのような熱い思いを心に秘めていると私は信じています。かくいう私もその一人です。

なぜ、観光・旅行業とはこのように人の心を捉えているのでしょうか？　私はそれは意外にシンプルなことで、「知らない土地に行ってみたい、知らないことを知って刺激を体感したい」という、人が普通に持っている飽くなき願望によるものなのではないかと思っています。

そして今新たに浮上してきている問題は、この「刺激を体感する」という一番の醍醐味が実は観光・旅行業界の専売特許と言えなくなってきていることなのです。

ずばり申し上げますが、その大きな要因は、「パソコンおよびネットの普及による体験のバーチャル化」と「リモート化」です。

リアルよりバーチャルのほうが刺激的でわくわくする。バーチャルの世界の中では、自分はいろんなことができる万能感を感じられる。お店に行かなくても宅配で料理が食べられる。飲み会だってできるから寂しくない。そもそもネットで会議もできるから、会社に行く必要がない。２０２１年春の現在、この動きは加速しています。私はこれが、けして悪いことと思っていません。しかし、観光・旅行業の立場に立つとこれは明らかにマイナスです。

なぜなら、人々は今、「外に出ない」傾向が強まってきているからです。外に出ないでも用が足りる世の中、家にいて、世界中の観光のバーチャル体験ができる世の中になっています。

そう考えると、今、我々に必要なこととは、観光振興以前に「人を外に出す力」なのです。

これを私は「天岩戸戦略」とひそかに名づけています。日本の神話で、「天岩戸神話」はご存じの方が多いと思います。簡単にご説明します。

PROCESS 2
素材を見つけてさらに掘り下げる

太陽の女神、天照御大神は、乱暴者の須佐之男命に傷つけられ、感情を害して、岩の中に引きこもってしまった。世界は太陽に照らされることがなくなり瞬く間に闇一色になってしまった。すべての神様が集まって、なんとか天照に以前のように外に出て地上を照らしてくれないかと思っていろいろ試みるが、なかなかうまくいかない。そして最後に考えたのが、岩戸の前で、お祭りをやって楽しげに振る舞うことだった。天照御大神は、外で楽しげに集っている神々の笑い声や歓声を聞いて、外の様子が見たくなって、岩戸を少し開けたところをつかまって、外で過ごすようになり、世界には、再び光が戻った。

この神話はコロナ禍下を生きる私たちが読むと、実に含蓄がある物語のように感じます。

私は、今まさにやらなければならないことのエッセンスがこの神話に詰まっていると思うのです。それは、天照が、どうしても見たくなるような、そんな絶対的に刺激のある「楽しい、美味しい、面白い」体験を作り出すことだと思っていますが、どうでしょうか？

具体的に言えば、地元で提供するサービスや物の質を上げて感動をうむことです。発掘した観光素材を提供したとしても「面白かった」レベルでは多分その人はまた来ることは少ないはずです。また来たい、もう一度行ってみたいと思ってもらうには、「大変面白かった」「感動した」レベルの価値提供がなければいけないのです。5段階評価なら満点の5点。4点ではだめです。なぜなら、いまやライバルは他の観光地ではなくて、それよりはるかに手ごわい「感動体験」を大量に提供できるネットのバーチャル&リモートワールドだからなのです。

■「感動した」を大切にして成長してきた事例

それではどうしたら「面白かった」を「感動した」レベルにまで高められるのでしょうか？

卑近な例で恐縮ですが、佐賀で「満足率」にこだわってブラッシュアップしつづけ、もうすぐ9年に到る息の長い活動を例として紹介します。

「幕末・維新　佐賀の八賢人おもてなし隊」です。

この団体は、佐賀城本丸歴史館で、毎週日曜日、一日5回歴史寸劇を上演しています。2012年9月から実施していますから、9年間同じスタイルで継続しています。上演作品は全部で25本あり、毎週違った作品を上演して、県内外のお客さまから喜ばれています。毎回アンケートを実施しており、上演が終わると、エクセルに打ち込みデータとして蓄積しています。すでに8万人強の方がご覧になっており、約8割弱の6万人分の回答が得られています。記述式の感想コメント含め、すべてのアンケートに目を通していて気付いたのは、二度目以上の方の再訪の理由として、「面白かったからまた来た」という方の比率が増えてきていることです。現時点では全観客数のうち約6割であるリピーターのうち、その約7割が「前回観て面白かったからまた来た」とお答えいただいております。全観客の約半数が、一度観て面白かったから再訪してくれていることになります。

ちなみに、5段階評価で最高の「大変面白かった」と次の「おもしろかった」の合計は、8

PROCESS 2

素材を見つけてさらに掘り下げる

年通算で97・3%の比率となっています。そして、私たちは、活動の元手として、観劇は無料でやっているものの、「募金箱」を設置し「活動継続のためにご協力を」と呼びかけているのですが、この募金額と、「大変面白かった」と「面白かった」の比率も密接な関係にあることがわかっております。5段階評価の「大変面白かった」の比率が高い時は、募金額も増えているのです。これらをすべて役者スタッフ全員で毎回共有。一日5回の上演の度に反省会を行い、その週のうちに顧客満足度を集計し、さらに次週の上演に活かす。ともすると「自己満足」に陥りがちな活動を「顧客満足」のほうに重芯を据えて、「おもしろかった」を「大変おもしろかった」にするために稽古を重ねるのです。

2018年に佐賀県で開催された「肥前さが幕末維新博覧会」は224万人の来場者を記録して成功裡に終わったのですが、その閉会式では、集まる群衆を前にして、佐賀県の山口知事が、「このイベントを開催するかどうかを考えていた時に「八賢人おもてなし隊」の頑張って

▲山口祥義佐賀県知事と。寸劇を通して県民には「郷土の誇り」を醸し、観光プロモーションの担い手としては県外のイベントにも出動。今では佐賀の歴史系大型イベントには欠かせないユニークな存在となった

いる様子を見て、こういう人たちがいるのなら上手くいくと思い、背中を押された」とおっしゃってくれました。メンバー一同、ここまでやってきてよかったなと感慨を新たにしました。

【話を聞いたら、その人自身をキャスティングする】

今の国内の観光まちおこし上の問題として私が感じていることの一つは、政府を代表する中央の機関と、地元との間に深刻な乖離が生じている点です。Go To Travel キャンペーンの混乱も記憶に新しい例だと思います。では、なぜこのようなことが起こるのでしょうか?

それは、本来の主戦場である各地域においてがんばっている「実践者」と、中央にいて、さまざまなデータや学術理論を当てはめて方針を定める「指揮者」とのかみ合わせがうまくできていないからだと考えています。国が施策を下ろす場合、地方の民間の担い手に直接的に作用することはあまりなく、大抵は、都道府県または市町村の地方行政がその施策に従って実施展開するので、ワンクッション入ってしまう格好になっています。地方行政は、「実践者」と「指揮者」の間に入る重要なポジションであるのですが、双方の乖離が大きすぎて、悲鳴をあげているのが現状でしょう。

魅力発掘プロデューサーの立ち位置は、その「地元の実践者」と、「政府の指揮を地元に適

PROCESS 2

素材を見つけてさらに掘り下げる

用させる地方行政」との間にあるだろうと思います。この立ち位置次第で、現場寄りになるか、それとも政府指揮寄りになるかで観光振興の成否は大きく変わってきます。

私は、この本を読んでくださっている皆さんには、現場の意見を重視する「現場寄り」になることをお奨めします。理由は様々あるのですが、最も重要なことは、そのほうが「動く」からです。この本で最初に申し上げましたが、魅力発掘プロデューサーの仕事で最も大切なことは、「小さくてもいいので、地元の人に観光集客の成果を認識してもらう＝成功体験を味わってもらう」ことなので、スピードが求められます。政府の〇か年計画などを伺うのではなく、今が夏だったら冬の企画を。3か月後～半年後にできることをまずはやってみることです。

そして実施をするにあたり、最も手っ取り早いのは、情報を提供してくれたその当事者に実際に企画を主体的に担ってもらうことです。当方に情報をくれたということは、その方も何かしら前向きなはずです。そうでない人も中にはいると思いますが、それは、大体ちょっと話をすればわかります。立場や担当などの職務が義務的に情報を出してくれている方とは、話の迫力が違うからです。

現場に近い立ち位置にいるからこそできる「話を聞いて、その人をキャスティング」する早技。魅力発掘プロデューサーならではの持ち味なので、ぜひ活かしてください。

■赴任して半年後に実践した、まちあるき企画「お城下ナイトウォーク」

私が佐賀に赴任したのが２００９年９月で、最初に手掛けたまち歩きのツアーは２０１０年２月に実施しました。それまでとんと縁もゆかりもなかった町に赴任して、ゼロから始めたのですが、わずか半年足らずで実現できました。ここに到る経緯で最も大きかったのは、当時の観光協会の専務、Ｋさんの後押しでした。Ｋさんは、私がフィールドワークを続けて地元の有為の人を知り、企画が固まってきたのをご覧になっていたのでしょう。佐賀では毎年２月～３月に観光協会が事務局を務めて「佐賀城下ひなまつり」が開催されますが、「その時に実施してみたらよかろうもん」と背中を押してくれたのです。それがたぶん12月くらいだったのでは、と思います。私は、実は、あまり急ごうとは思ってなかったのですが、確かにせっかく佐賀に来て、しかも期間限定でいつかは佐賀を去る身（契約は２年半でした）だとしたら、できるなら早くやったほうがいい。それに、もし「ひなまつり期間」を逃したら、また１年のびてしまう可能性もある、と思い、彼のすすめを受けたのです。

結果的にこの判断は正しかったと思います。この時私が躊躇してたら、もしかすると、他の様々な事情などが発生して、１年後でもできなかったかもしれません。このツアーが企画から実施までわずか２ヶ月程で催行できた理由は、「ツアーの実務担当者に、地域資源の情報を教えてくれたご本人をコンバートした」ということに尽きるでしょう。

PROCESS 2

素材を見つけてさらに掘り下げる

▲上は第4弾、下は第1弾のチラシ。歴史の深い佐賀らしい夜のまち歩きとしてブランド化していく。宿泊客が市内に落とす消費額は日帰り客の1.7倍と見積もった筆者は、その後、夜の企画を積極的に推進していく

さらにいうと、規模は小さくして、観光まちづくりに熱意がある人だけを少人数に絞って固い絆をもったことにあると思います。

そのツアーは、満足率9割を毎回超えて、その後2年にわたり、私の任期が切れる最終月まで続きました。そして最後のシリーズとなる第5弾で、ツアー中のイベントのために生み出したのが、前述の「八賢人おもてなし隊」だったのです。もしあの時準備不足を口実にツアーを実施していなかったら私の任期の残り期間がなくなり、「八賢人おもてなし隊」も生まれてくることはなかったと思います。

【「本質」は専門家から探り、本物から学ぶ】

さて、感動の質をさらに高めるためにしてほしいことがあります。それは、その道を「究めている」人にその魅力を教えていただくことです。この時のヒアリングのポイントは、その「魅力の本質」を捉えること。専門家に聞く要点はこの一点につきます。

その理由をご説明しましょう。

本質というとなにか難しく感じるかもしれませんので、少し違った角度からお話しましょう。ある「モノ」が存在する時に、これを人になんと説明するか、がポイントです。

たとえば、「観光」って何？という人にあなたはなんと説明するでしょうか。

私だったら、観光とは、「普段いる場所から離れて、そこに行って、自分が普段いる場所では感じられなかった喜びを感じること」と説明します。私はそれが「観光の本質」と捉えているからです。ここで気にしていただきたいのが、前述した私の説明の「主語」です。主語は、「人間」です。つまり、ここでは、「観光」という行為を人間が行うということを当然のこととしてお伝えしています。人間とは一人ひとり違いますが、すべての人間に「共通してあるもの」をいつも意識しておいてほしいのです。このように「●●さんにとって」とか「××さんにとって」と分けて魅力を捉える前に、やっておくべき、もっと多くの方にとって「当たり前」のように思われている魅力、つまり「本質」こそ、紐解いてほしいのです。

この「本質」は「楽しさの秘密」と言いかえてもけっこうです。さて、この「楽しさの秘密」を最もよくご存じなのは誰だと思いますか？

もうおわかりですよね。それは、そのものに「はまっている」人、つまり専門家です。にわかファンではなくて、長くずっとつきあってきた方、一生の仕事や趣味としている方。そのような方は、年季が入っていますから、その魅力を聞く相手としては申し分ありません。

仮にその方が「なぜかよくわからないけど、これが好き」って人でも話を聞いてみるといいと思います。そういう方には、「私もこの魅力を知りたいので、楽しみ方を教えてください」とお願いしてみましょう。この「楽しみ方」に意外に「魅力の本質」が隠れているのです。

ぜひ専門家の話の中から「魅力の本質」を探ってください。その本質の純度が高ければ高いほど、力強く加工しやすくなります。

もう一点ご注意があります。それは、自らが「本物」を知ってしまったほうがいい、ということです。ちょっと例が挙げづらいのですが、この「本物」にこそ、その本質が純度高く息づいているからです。

ひとつ例を申し上げます。

私は学生時代からラテン音楽のなかでも「サルサ」という音楽に夢中です。サルサはサンバと同じようにラテン音楽のジャンルの１つで、広く中南米、そして彼らが移民したアメリカ合衆国のニューヨークなど大都市で流行っているものです。私は最初にこのうちの1曲を高校1年生の時に先輩に聴かせてもらい、それからまさにはまり、大学では当時日本で唯一のサルサバンドにコンガ奏者として加わり、多くの時間をこのサルサという音楽を楽しむために費やしていました。魅力というより、「魔力」なのかもしれません。様々な国にそれぞれバンド、歌手がいて、サルサの曲は無数にあるのです。ですが、「サルサだったらなんでも好き」となっていました。たとえば他のジャンルでしたら、好きな歌手がいても、「〇〇」はいいけど「〇〇」はいまいちだな、なんてことがあると思います。ところが、この「サルサ」に限っていえば、「サルサならすべていい」状態だったのです。我ながら「なぜこんなに好きなんだろう?」と不思議に思う日々を過ごしていました。

そんなある時、音楽雑誌で、サルサを説明する3つの言葉というものが書かれていて、それに目を見張りました。そこには、「すべてのサルサの曲には、センティミエント、サボール、そしてサルサの3つの要素が含まれている」と書かれてあったのです。センティミエントは、「望郷、情感、もの悲しさ」。サボールとは「風味」、そしてサルサは「勢い」や「瞬発力」と訳せると思います。たしかに、そうなのです。この3つが独特の魅力を醸し出していたのです。これら3つのキーワードは、すべて頭文字が「S」で始まっているので、サルサの3Sなどと言われています。そこには、同じラテン音楽の「サンバ」とも似て非なる独特の美しいスタイルがありました。

私が「サルサならすべていい」とまでに惚れ込んだのは、この3Sが織りなす世界観がドンピシャで好みに合っていたからだと思います。

そして決定的だったのは、最初に聞いた一曲です。幸いにも、高校の先輩にきかせてもらったその曲は、サルサ界の大御所で正統派の曲でした。つまり3Sがぎっしりつまっていました。もしこの時、その3Sの色合が漂白されて薄くなった和製のサルサなどを聴いたらどうだったでしょう? または、歌謡曲風にアレンジされた「なんちゃってサルサ」だったら、私がこんな風にはまることはなかったと断言できます。本物で正統派だからこそ色濃くもっている3Sのような「魅力の本質」をどう捉えるか? そこは大きな課題になると私はこの体験を通じて確信したため、後の仕事で「本物をなるべく早く提供する」ことを心がけています。

PROCESS 2

素材を見つけてさらに掘り下げる

■忍者市（伊賀市）の「忍者丼」

コロナ前に空前の数を誇った訪日外国人客。彼らには「サムライ」に加えて「忍者」も人気です。映画の影響も大いにあるのでしょうね。そういう中で、日本各地では、なにかと忍者をテーマにした、ちょっとしたコスプレや体験を実施しているところが無数に出てきています。

これは、心ある方は、「その土地ならではの魅力じゃない」と眉をひそめていることと思いますが、「海外から来た外国人にとっては日本そのものが忍者の国だからいいのだ」と考え、集客の呼び水にしています（笑）。気持ちはわかります……。

しかし、この動きこそ、その地域をつまらなくしている一因かなと思っています。

忍者なら、伊賀です。（甲賀も風魔もありますが、とりあえず話を進めるうえで）。忍者の歴史と文化が深く息づく伊賀市はそれを誇りに持ち、2017年2月22日（忍者の日）には「忍者市」宣言さえ行ないました。忍者の歴史と精神をさらに強く継承しようとしているのです。

一度そこの伊賀流忍者博物館に行ってくだされば私が伝えたい意味がわかるでしょう。

忍者関連の記録や暗号のような忍者文字や移築復元された忍者の屋敷などがあり、つぶさに見て歩くにつれ、段々とわかったことがありました。それは、「忍者とは、「隠れる」ということが本質だったんだ」ということです。敵が襲ってきたとき、サムライなら立ち向かいますが、忍者は、逃げます、隠れます。命を守るために工夫を凝らすのです。そう思えば、忍者の独特の戦法から生活文化まで、いつも「敵に襲われた時に命を落とさないように」という考えがもとになっており、そこには「いじらしさ」さえ感じたのでした。

そして、圧巻は、ある飲食施設に入った時のこと。そこに「忍者丼」というものがありました。これが面白かった。丼は普通ご飯の上に具材がのっていますよね。ところが、「忍者丼」は、具材が丼の下に敷かれて、その上に、具材を隠すように白いご飯がのせられていたのでした。

私が言いたかったこと、おわかりいただけたでしょうか？

正真正銘の忍者の地元だからこそたどりついた「隠れる」という忍者の「本質」。それを料理というジャンルでも鮮やかに活用していたのです。

私がここで言いたいのは、伊賀以外で、忍者を観光の呼び水にしているところに、この発想ができますか？ こういう発想で、外国人に日本の「なにか」を伝えることが自分たちの土地の誇りにつながりますか？ そして、日本に来て忍者を観光素材として楽しんでいる外国人旅行客のうち、伊賀で楽しんだ人と、別のところで楽しんで帰った人のどちらがより深く「忍者」のもつ魅力を知れ、より長く忍者を愛してくれるようになると思いますか？ そういうことです。

本物を知れば、感動の質は高まり、本質が響けば、楽しみは永遠に持続します。

【ネットで検索する重要性】

企画を面白くするためには、小さくても「エッジ」が効いたものにしておくと良いのですが、では、「エッジ」を効かせるにはどうしたらいいのでしょうか？

1つの答えとして、ネット検索を有効に実施することをお奨めします。

ネット検索では、見つけた地域資源を観光素材にする際に役に立つことが2つあります。一つ目は、そのことについて、より詳しい情報を得る事ができる。そしてもうひとつは、そのアイテムに類似するもの、さらにはテーマや物語がすでに世の中にどれだけ存在しているか、がわかるということです。

より詳しい情報を得て、現場で感じた面白さを深めておくと、この後の観光素材化及び商品化に向かう行程がスムーズになる傾向があります。ここまで私が本書で述べているプロセスを読んでご理解いただいたように、現場で自らが体得した情報を素材にしているわけですから、その情報はどうしても断片的になっています。たまたま自分が訪れた時に「そうであった」というくらいだと考えておいたほうが無難でしょう。つまり、目の前に顕れた表層的なものにあなたは可能性を感じたわけですから、それを深く知らないといけません。そこで、ネットで検索をすることで、その素材の知識をしっかり頭に入れておく必要が生じます。また、蛇足ではありますが、この「現場で面白い素材を知る➡ネットでその知識を知る」の順番を取れることが「その土地の生まれではない〝よそもの〟」でありながら、観光振興コンサルタントとは一味違う魅力発掘プロデューサーの仕事の進め方です。観光振興コンサルタントは事例などを多く有しており、経験とノウハウは豊富ですが、仕事の立ち上がり段階では、自らが現場を訪れて手ごたえを感じてから着手するといった機会に恵まれておらず、どうしても取り組む課題などはクライアント（地元の観光行政など）が設定しなくてはならないケースが多いでしょう。ですから順番でいうと「ネットなどで情報を収集➡現場を訪れる」になりがちです。

それでは、なぜこの順だと好ましくないのか？　それは、ネットで出ている情報とは既存の情報で、その価値は通常すでに確立しているからです。ですから、この情報をもとにコンサル

PROCESS 2

素材を見つけてさらに掘り下げる

タントなどが企画や戦略を生み出しても、その既存の価値の焼き直しレベルにとどまるケースが大半です。俗に言う「どこかから借りてきたような企画」「すでに見たことがあるようなアイディア」となってしまうのはそのためです。よく「一次情報」「二次情報」と区別されますが、「現場で体感する」は一次情報で最も生な情報です。二次情報は、それを誰かのフィルターを通して加工された情報ですから、すでに誰かの意志が働いているのです。ぜひ地元に移転する魅力発掘プロデューサーはまっさらな眼で一次情報にあたり、面白さを体感してください。ネットを活用するのは、その後にしてください。現場で自分が感じた価値の「知名度」「希少価値性」などを確かめるために次の段階でネットを活用すればいいのです。

ネットで検索するもうひとつのメリットは「類似先行事例の多寡の確認」です。こちらは見つけた地域資源を最終的にプロデュースするにあたり、その商品の価値を新たに想定しておくことおよびプロデュースの方向性を決める参考に役立ちます。本書では何度か説明したいと思いますが、観光資源を魅力的にブラッシュアップするにあたり3つのキーワードがあります。「今だけ」「ここだけ」「あなただけ」です。ネット検索の場合、有益なのは、その場にいて日本中（または世界中）の事例がワード検索などでできることですが、その際に前述3つのキーワードのうち「ここだけ」がどれだけ強いかを確かめられます。また、同様にプロモーションにおける3つのキーワードとしては「笑い」「驚き」「誘い」があるのですが、この「驚き」にも関係します。こちらはプロセス5で詳しく述べていきましょう。

■【より詳しい情報を得た事例】「肥前狛犬」

それではネットでの検索を活用した事例を紹介します。

佐賀市内で観光に活用するための地域資源を探しに神社に行った時のことです。ある神社の境内を視察していると、狛犬が2種類あることに気が付きました。他の神社で良く見る大きさの狛犬と、それより幾分小ぶりな狛犬です。同行してくれていた神職の方が小さいほうを指して「この地方の神社に多い「肥前狛犬」といいます」と教えてくれました。県立図書館で調べると、肥前狛犬は、市からほど近い砥川という石工たちの集落で1600年代に作られていたことがわかりました。その後、ネットで検索すると、日本全国の狛犬を調べている方のHPや、日本全土の狛犬を紹介しているサイトがあり、「肥前狛犬」は日本でも他になく、この佐賀地方にしかない形状のもので、かつ市内の他の神社にも多く残存していることがわかりました。その後、市内の神社をいくつかまわり、それぞれで「肥前狛犬」を確認できました。その後、夜のまち歩きツアーを実施した時には、この「肥前狛犬」を5つのシリーズまで続いた同ツアーの定番基本アイテムのひとつとすることができました。ツアーの中では、この肥前狛犬は、その独特の風貌に加え、ネットで得た知識、さらには、神職から聞いた情報、さらには私がその神社で実際に目撃した前年の秋祭の縁日でのエピソードを加えて『無念の狛犬』と名付けて、紹介することとなり、参加客に喜んでもらうこととなりました。

■【先行事例の多寡を知る事例】「大賀ハスを使って楽しむ象鼻杯《ぞうびはい》」

千葉市では、市のシンボルのひとつとして、大賀ハス（古代の蓮の種類）を掲げています。大賀ハスは植物学者の大賀一郎博士により1951年に市内の東京大学検見川総合運動公園の落合遺跡発掘作業の途中にその種子が偶然見つかったもので、約2000年前の蓮だと判明したものです。開花時期は初夏の短い期間で、千葉市では千葉公園などで、その期間中に「大賀ハス祭」を開催。市民に喜ばれてきました。

そのイベントの期間中に、蓮の花を器に見立てて、上から飲み物を注ぎ、蓮の管の根元に口をつけて、管内を流れてきたものを吸っていただくという「象鼻杯」なるものがありました。この蓮は日本各地に株分けされ、古代ハスまたは大賀ハスとして、いまや各地の初夏の水辺の光景となっていますが、大賀ハスが発見された地は千葉市です。「発見の地」は「本家」や「元

▲ビジュアルもユニーク。象耳杯で千葉の地酒を楽しんだお客様は「普通の杯より旨い。なんだか味がなめらかになったぞ！！」と興奮気味でみなさん語り合ってました。気分の問題かなと思いますが・・・（笑）

祖」と同じで、その資源についての深く専門的な理解があることが価値だと考えていましたから、それでは、この「象鼻杯」を使った体験型観光プランを作ろうということになりました。公園の近くの日本料理屋さんにご協力いただき、大賀ハスの象鼻杯で楽しむドリンクをセットにした、蓮のおかゆや蓮の天ぷらを使った蓮御膳などを開発し、大賀ハス発見の地千葉ならではの楽しみを創出しました。

これは、ネットで「大賀ハス　象鼻杯」と検索したところ、他の地でも数か所、同様の娯楽をしていることがわかったため、象鼻杯だけではなく、「御膳」にまで昇華することで初めて、発見の地らしい「蓮についての造詣の深さ」を武器とした事例になります。地域資源を発掘し、楽しめるように工夫して観光プラン化しても、実は他のまちでももうやっていたということになったら、「ここだけ」の魅力と言い難いですよね。特に、観光地であればエリア内に他の魅力的なスポットもあるでしょうから、訪れた「ついでに」楽しむレベルでもいいのですが、観光地として認識されていない場合、「それを体験したい」という直接的な訪問動機にできるまで魅力を高める必要性が生じます。そして、当然ですが、同様事例をチェックするにはネット検索が効果的ということとなるのです。

【物語化のための民俗学的アプローチ】

地域の観光振興を推進するにあたって、最も重要なことは、その地域の歴史などによって培われた地域文化を、地元の人には誇りと愛着をもって受け入れられること。そして訪れる人には知ってもらい楽しんで、好きになってもらうことです。

「観光」をしに来る人が共通してもつものは、彼らが日常の暮らしの中ではなかなか味わえない体験や知見習得、経験などをしたいという欲求で、それは一般的には彼らにとっては「非日常のこと」なのです。

ですから、この非日常感を多く、または強く感じれば感じるほど、その観光旅行は本人にとって価値が高まります。

たとえば、深い山あいに住む人が、海辺を訪れ、生まれて初めて潮風を感じ、カモメの声を聴きながら海から昇ってくる朝日を見たら、実に感動的なのではないでしょうか？

さて、ここで重要になってくることが、それら観光客に喜んでいただくために、迎え入れる側は何をするか、です。

おもてなしを入念にすることもやるにはやったほうがいいのですが、それは本質ではありません。観光客が「非日常」を感じるのは、その土地の「日常」が自分たちの「日常」と違うからです。だとすると、迎え入れる側は、自分たちの「日常」を自分たちが普段からしっかり認識し、規定して、どんな価値を感じるか、が必要になってきます。

そして、この訪問客の「日常」と、迎え入れる側の「日常」が違う、ということは、それがいわゆる「文化の違い」なのです。

ここが重要です。

自分たちの地域社会が育んでいる文化を、どう捉えるか？　どう再発見するか？　この地域文化を知るには、どうすればいいのでしょうか？

ひとつには「民俗学のフィールドワーク」を採り入れることです。

民俗学の調査手法としては、庶民の生活を総体的に把握するという目的を果たすため、農山漁村を中心とした集落に滞在し、聞き取り（聞き書き）調査や紙資料を含む文字資料（金石文、棟札など）の収集、建築物や民具など物質文化の記録、あるいは生業、共同労働、年中行事、人生儀礼などの場への参与観察、そして民俗誌の記述が主体となります。

基本的には、民俗学者は、その土地に長期間滞在して、それらをこつこつとやり続けます。研究の分類でいえば、「厚い記述」を目指す「質的研究」です。

けして、ビックデータなどに頼っていないことが特徴です。単なるデータからはストーリーを生み出すことが難しいからです。ストーリーの種は、その土地に住んでいる人の中から見つかります。そして語り部とセットになって、提供できる可能性も生まれてきます。

では、民俗学の手法から得たストーリーの種を観光に活かすにはどうしたらいいのでしょうか？それは、まずは、民俗学者が産み出した成果を観光の担い手が知っておくことです。そして、「観光のネタ」に使えそうな情報を抽出して編集し、観光の三大基本のスパイス（プロセス5参照）「今だけ」「ここだけ」「あなただけ」を強め「笑い」「驚き」をまぶして作り出すのです。

PROCESS 2

素材を見つけてさらに掘り下げる

■佐賀の夜のまちあるき

佐賀の観光を推進していた時に、商店街の活性化でまちあるきを実施することを考えました。商店街の方がいうには、ここは、江戸時代以前から続く神社の門前通りなのだそうで、「この商店街のアイデンティティは門前通り」ということでした。しかし残念ながら現在は空き店舗も散見され、その風情はほとんど感じられないたたずまいとなっていました。

さて、そこで私はまず第一にその神社について、徹底的に調べることにしました。

朝は6時から起きてそこに行き、時の変化とともに神社の境内がどう変わっていくか、などをぼんやりと「感じる」ためにうろうろしていました。狛犬、鳥居はもとより、手水舎、ご神木、拝殿、作務所などもつぶさに見て回ります。その神社の鳥居前を横断する通りは、長崎街道だったので、長崎街道についても、どんな街道だったか、歴史的にどんな意義があったかなどを調べました。またその鳥居を寄贈した人の人生を調べこの地方に残る奇妙な風習も発掘しました。

そうして作り出したのが、その神社と、別の神社をつなぎ、商店街を通る1時間半ほどの夜のまちあるきでした。

実施は「夜」と決めていました。夜は「夕食」や「お酒」など、地域にお金を落とす娯楽に結び付けやすいので経済効果が高いからです。それに加えて、このようにほどよく閑散としていると、地方都市ならではの「闇」の存在が都会の人々にとっては「癒し」の効果になる。江戸時代の町人が闇夜の晩に、一人で心細く歩いている時、『夜鳴き蕎麦』屋の行燈の灯りを行く手に見つけた時の安堵感を再現したかったといえば、おわかりでしょうか?

つまり、闇が濃ければ濃いほど、一灯りの行燈はありがたさを増す。そして、その「ありがたさ」を、商店街の人々に私から伝え、各店でお出迎えをしました。

さらに、夜は、人々の気分を「昼」とは変えます。

「夜は別の顔。」というキーワードを私はこのツアーの根源に据えました。

そのヒントは、恵比須さまの像でした。

佐賀では恵比須さまが街中のあちこちで見られ、大切に扱われていました。しかし、私はこの恵比須さまという「善・幸の象徴」に突出した魅力を感じていませんでした。「観光コンテンツ」としては、弱いと思っていました。理由は、恵比須さまだけだと、日本中にあるし、あまりにも「優等生」タイプ過ぎる存在かなと。これが「狛犬」であれば、佐賀は「肥前狛犬」

PROCESS 2

素材を見つけてさらに掘り下げる

という独特の形象をした狛犬があるからいいのです。（差異は、ひとつの範疇の中での違いを最も簡単に感じさせられます。）

ところが、この恵比須さま、ある時、夜に懐中電灯を下から照らし当てれば、昼間はふくふくしい顔も文字通り「別の表情」に見えることに気づいたのです。

ここが、大きかった。

「恵比須×夜＝別の顔」

このようなことは偶然に発見されたのでしょうか？

いやそうではありません。

単なる偶然ならば、私はそもそも本書でこの事例を出していません。

この「夜の恵比須を観察する楽しみ」という新たな価値を創出できたのは、次のようなアクションをしたり、有していた見解を注いだ結果です。

・その場に住む

・知る

・物足りなさを感じる（自分の感性に正直になること）

・「季節」「時間」などをかけあわせる（この場合は「夜」）…おもわぬ価値が見つかるケースがあります

・楽しませる…体験させることを念頭に置いていた

・伝える（もってかえれる）…「拝み方の高さ」という知識。恵比須ＤＥまち作りネットワークという組織に加入していたので、関係者に聞くことができました

　またこのツアーではストーリーを強く印象づけるためにサプライズを用意しました。

　コツコツと地道に話を聞き回った結果、この商店街の一角にたたずむある恵比須さまは交通事故を防いだという言い伝えがあることをある方が教えてくれました。その交通事故の当時の様子も聞きました。そこで交通安全用に身に付ける蛍光リストバンドを懇意にしていた大手損保会社佐賀支店長に主旨を説明し、提供いただきました。そして当日下見の時に、その恵比須像の後ろにこっそり隠し、「あれ？ 恵比寿さまの後ろになにかある！」と本番で偶然見つけるというしつらえにして、参加者にプレゼントしました。ガイドがその大手損保会社がスポンサーだと告げると皆笑ってくれました。

▲地方都市ならではの夜の「闇」の深さと「人情」をベースに、その土地ならではの風習と伝説を取り入れた「恵比寿・化け猫・河童伝説　佐賀のお城下ナイトウォークツアー」

【私にとって魅力的に感じるなぁ、と妄想することの重要性】

地域資源の魅力を発掘して、さらに魅力的にするにはどうすればいいか？　地域資源の魅力を発掘するだけでも大変なのに、それをさらに掘り下げて、魅力を高めるということは、言うは簡単でも、実際はここが不十分なケースが沢山あるように感じています。それが難しい理由は、その魅力が「誰にとって」なのかがあいまいであることが大きな理由です。つまり、まだ集客ターゲットが見えない中で、その魅力を高めることは、厳密に考えると不可能です。そう、今段階で、「魅力」を感じているのは、自分自身だけなのです。だとすると、まず自問自答して、「この地域資源、自分にとってどうなればもっと魅力的だろうか？」と考えるしかないのです。

■千葉市の海辺のレストランでサンセットサルサ体験プランを実現

千葉市は観光プロモーションの大きな軸として「ブルー&グリーン」という「海と里山」の魅力を創出して発信しています。海については市内に全部で5つの趣が違う海辺があることを訴求しており、その中のひとつとして「千葉みなと」エリアがありました。

千葉市の海はすべて東京湾に面しており、いわゆる同じ千葉の南房総や外房をイメージするような、自然いっぱいの海水浴場とは違っています。夏の日中よりも早朝や夕陽が沈む頃の海辺歩きが心地よい都会型の海辺といえるでしょうし、それを訴求していました。この千葉市の5つの海辺それぞれの特徴を際立たせるような広報戦略を立てていく中で、「千葉みなと」は「ロマンチックビーチ」となのりました。そこで、そのロマンチックぶりを体感するために考えたのが、海辺のオープンエアーのレストランで、海風を感じながら、サルサダンスレッスンを受けて、南欧料理を楽しむという秋の日暮れ時のプランでした。プロモーション戦略を具現化するには、他の手段も沢山あったのですが、音楽もサンバやボサノバではなくて、あえてサルサをフューチャーしたのも、単純に私が「自分だったらこのシチュエーションでどんな音楽を聴きたいかな」と感じたからです。また、都内の六本木や恵比須では、サルサダンス教室などがよく開催されていますが、それらはすべて都会のサルサバンドが夜のネオンがあでやかな空間でやっているもので、我々が提供したかった空気感とはまったく違ったわけでした。私はこの企画のために、房総半島を根拠にして活動を続けている唯一のサルサバンドにお声をかけ、当日サルサレッスン時のバックバンドとしても上演いただきました。これらのしかけはすべて、すぐお隣ではありますが、東京とはまったく違う都会型海辺ならではの魅力を強調したかったからです。普段は六本木に通うサルサ好きも大挙して訪れ、千葉みなとならではの海辺の魅力を満喫してくれました。

【発掘面のクライマックスは、「名前」をつける】

さて、名前をつけることが「発掘面でのクライマックス」なのはなぜでしょうか？

それはここそが、自らの介在価値を創出できるからなのです。地域資源を観光資源に昇華させるということは、「そこにあるなにか」の本質を捉え、観光客がそれによって訪れたくなるような「人を魅了する役割」を上乗せすることです。魅力発掘プロデューサーは、この付加作業に全力を尽くします。その作業とは、言い換えれば、昨日までなかった価値を新たに誕生させることです。最もクリエイティブな作業です。ちなみに、その「魅力」を感じる対象とは、本来は、ターゲットを考えなくてははじまらないのですが、この段階では、むしろ考えない方がいいです。それよりも、「自分の価値観」と対峙してほしいです。その理由は、実はこの作業をすることで、自分がより自分を知ることになるからで、この「自分を知る」こと、「自分を知っている人」ほど、他人（ターゲット）のニーズを正確に捉えられるからなのです。

プロの魅力発掘プロデューサーは、およそ自分では興味がないのに、その魅力を「それらを求めている」人々に訴求しないといけないことが多数でてきます。むしろ、そのようなことが圧倒的に多いと思います。その時に、「自分にはわからない」ことをどうやって「それを求めている人々」へ訴求し、しかも彼らが「感動を感じる」ほどにブラッシュアップできるのか？

ほぼ神業みたいに思いますよね。最も近道なのは、自分が好きになってしまうことなのですが、そうではない時は、「好きな人」と「自分」との違い（距離感）を正しく認識した上で、その「好きな人」にとっての「価値」を高めることとなります。そのためにも今は、まずは、それら地域資源と対峙するにあたり、「自分が好きな部分」を誰に遠慮することなく、自ら突き詰めてほしいものです。それができるのは、今だからこそで、この後の段階になると、この「自分だったら」を前提として、それを軸に他人の嗜好を推し量ることになるからです。まずは自分の「好き」をまざまざ感じながら、自由に地域資源を自分色に染めてください。その果てしない欲望に素直にしたがってどれだけ自分の色に染められるか、が「地域資源」を「観光資源」にブラッシュアップさせる深さ（＝魅力の強さ）に直結します。

そしてぜひ覚えておいていただきたいのが、そうして魅力を最大限に引き出したと思ったら、その魅力のあり方に「名前」をつけてください。名前とは何か？　それは、新たな価値が生まれた証拠なのです。

ちょっと難しい話になるかもしれませんが、とても大事なところなのでおつきあいください。最も卑近な例でいうと、なんの変哲もなかった「海辺」が「恋人たちの浜辺」などと名前がついたりしていませんか？　そう、「海辺」は名詞。「恋人たちの浜辺」は、名詞であっても、普通名詞ではなくて「固有名詞」。つまり唯一無二の「名前」になっているのです。

おわかりいただけますでしょうか？　海辺は、単なる自然形態を言っているに等しく、そこでは、それを聞いた人にとっての魅力は特別なものではありません。ところが、それを固有名詞化するとどうなるか? そこには、意味が出てくるのです。それが、「価値を新たに創出した」ということに等しいのです。

この「名前をつける」ことは、実は、「同じだと思っていた2つのこと」を「切り分け」して、それぞれの意味をより強く認識させることだったり、または、人にとって「無用」だったものがなんらかの価値をそこに見出され「有用」なものに変わることができた証明なのです。

前者の例でいうと、たとえば、英語の「WATER」は、日本では「水」と「お湯」のそれぞれの意味があります。我々の生活において「水」と「湯」はそれぞれ使われ方が違いますよね。水を飲みたい時に、お湯を飲む人は少ないと思いますし、ゆったり寛ぎたいときは、水に身体を浸すのではなく、お湯に入りますよね。そういうことです。それが、「WATER」とひとくくりにされている文化圏では、この「水」と「お湯」の違いがさほど重要でないのです。(HOT WATERと言う場合もありますが。)

一方後者の場合でいうと、さきほどの「恋人たちの海辺」もその一例ですが、他にも、文化人類学者のレヴィ・ストロースが著書『野生の思考』で論じている例が有名です。これは、彼がフィールドワークして太平洋の島の少数民族や、アフリカの土着民族の生活を調べた時に発見したことなのですが、西洋や我々日本でも単に「草」と言っているものでも、彼らにとっては、細かく名前に分かれていて、その数はおよそ100以上に昇ったとのことなのです。つまり、その島の民は、それらの草を薬草だったり、道具に加工したり、食用にしたりと、「自らの生活文化の一部として役立てている、または、思考の対象として捉えていた」からこそ、名前をつけて判別する必要があったとのことなのです。

魅力発掘プロデュースの要点は、ここにつきます。どうやって、普通名詞を固有名詞化できるか？　固有名詞化することは誰かにとっての新たな価値を創出する提案です。それをまずは自分にとって、その「資源」の価値を見出し、さらに使いたくなるくらいにまで名づけられたら、それは1つの素材に過ぎなかったものが「観光資源」となった証明なのです。

■「世界で一番きれいな海」ラクシャディープのこと

もし、自分が発見した自分だけが感じる魅力が、まだ言葉にされていなかったり、既存の言葉で説明しようとしてもどうもしっくりこないと思ったら、それはラッキーです。それが言語化できたら、新たな価値を他者と共有できるかもしれないのです。まだ、誰も言い当ててないけれど、なにか素晴らしいものに出会ったら、それを固有名詞化してみるといいと思います。

私は、そのような体験を2度ほど実際に行ないました。

一度目は、前職の海外旅行情報誌編集者の時。編集長から、

「世界で一番きれいな海を探し当て、そこに実際に行って、日本の読者に紹介してほしい」

PROCESS 2

素材を見つけてさらに掘り下げる

と指示を受けたのです。それは、既存の人気海外旅行情報誌の姉妹版として新たに月刊誌を出す、その創刊号の目玉企画でしたから、編集長も気合いが入っていました。「本当にきれいな海は、海の娯楽のプロに聞こう」と思って知人のダイビング情報誌の副編集長に相談した結果、取材先に決まったのは、なかなか一般の渡航許可が出ないアラビア海の孤島。モルディブの北にあるラクシャディープというインド領の群島でした。ここは交通の便が悪いことはもちろんですが、ホテルが1軒だけあり、そこにいわゆるハリウッドスターがおしのびで長期バカンスを過ごしているという絶海の美しい孤島でした。企画が通って、私を含め、ライター、カメラマンと3人でその島に渡り、滞在して記事取材撮影を4日ほど挙行したのですが、これがなかなか勉強になりました。

ホテルが用意している数少ないマリンアクティビティの取材撮影がすべて終わってしまっても、まだまだ次の本土行きの船が出るには日数があります。そこで、始めたのが、その小島に物語を作ってしまうことでした。手書きの簡単な島の地図をもとに、島内くまなく巡り歩き、

▲日本ではいまだ紹介されていなかった孤島リゾート。「長期間のんびり滞在する」という欧米型のリゾートほど、記事として魅力を伝えるのは難しい

そこで見たこと、経験したことを紹介しようと。しかし、これだけなら普通のルポライティングなのですが、私たちの場合そもそも、その場所の名前さえない所でしたから、行く先々で、執筆、撮影に加えて、名前をつける必要が生じたのです。たとえば、白砂のビーチで腰を下ろし、ふと後ろの繁みから音が聞こえたので振り返ったら、数多くのやし蟹がいて、撮影しようとすると走り回り、奥の彼らの住処にたどり着いた時などは、その浜辺のあたりを「やし蟹ランニングビーチ」と。夕陽が見事に見える場所を「至極のサンセットビーチ」。ホテルの従業員が休み時間にクリケットをする林を切り拓いた平地は、「キングズクリケットスタディアム」とか。それぞれの土地に名前を書いて紹介したのでした。はて、その創刊号が出版された後に、読者の反響がどうだったかは、知る由もなかったのですが、見た編集者仲間からは驚きをもって迎えられました。

■「八福猫団」猫エピソードスポットのこと

ある商店街では、活性化のために、付近にいる猫たちを8匹集めて、「八福猫団」と名付け、イラストを描いて看板を作り商店街のトレードマークにしていました。これに興味を覚えた私は、それを、実際のアクションにつなげるために、それら8匹の猫の日常の様子、商店街の人々が可愛がっているからこそわかる様々なエピソードを収集しました。これらをもとに、商店街

PROCESS 2

素材を見つけてさらに掘り下げる

に「猫エピソードスポット」を作り、そのひとつひとつを紹介するといった商店街めぐりツアーを作ったのです。

たとえば、「おふくの骨塚」「おふくのアイドルランナウェイストリート」「ちびたのヤモリジャンピングプレイス」「おかんの屈辱の川」「影千代の恍惚の摩天楼」などなど。15ほどの人気スポットが生まれ、それらをポイントしたイラストマップは大人気となりました。さらにその場所を訪れるツアーを企画して実施すると、今度は、多くのツアー客を集め、クチコミがメディアの知るところとなり新聞やテレビがこぞって紹介。一度などは、朝日新聞の西日本版の一面トップ記事（ほぼ全面扱い。47ページ参照）にもなったので、大変驚きました。商店街の認知効果は抜群だったといえるでしょう。こちらのおおもとの発想が、先のアラビア海の孤島での経験であったことは言うまでもありません。

これら2つの事例に共通しているのは、名前をつけたこと。素材を見つけて掘り下げた結果は固有名詞となって後に残ります。

▲「おかんの屈辱の川」
商店街のボス猫「おかん」が隣まちの猫たちと戦って、多勢に無勢で敗北。猫パンチを受けて、突き落とされた川

▶「影千代　恍惚の摩天楼」
ベトナム料理店のなんの変哲もないブロック塀の上。黒猫の影千代君がいつもこの上で寝そべって気持ちよさそうにしている。影千代にとっては登ることができる最も高い「摩天楼」に他ならない（笑）

▲八匹の猫のイラストがユニークな八福猫団（佐賀市県庁通り商店連盟作）

▲「おふくの骨塚」
毎日のようにおとなりの居酒屋から骨付き鶏肉をもらっては植え込みの奥に隠れて平らげてた「おふく」。やがて、植え込みの内側に鶏の骨が積み重なって塚のようになっており・・・

PROCESS

3 ▶ ターゲットイメージの想起

TARGET No.1

木更津文子さん

「普段の買い物は近くのショッピングモール。芸術や文化を感じるならば千葉市の施設が整っていますね。子どもに様々な『本物』を体験させたいです。」

子どもの体験を何より重視。千葉市以南の本物志向の子育てママ。

千葉市は文化施設が充実している。さすが政令指定都市。うらやましい。

千葉市のイメージ・訪問経験

・千葉駅周辺から足が遠のいている。（近くでデパートと同じものが手に入るから）
・贈り物には、そごうや三越の包装紙の商品を求めに出かける。
・千葉市科学館には子どもを連れて行った。県の中心は施設が揃っている。

お出かけ頻度

半数が月1回以上千葉市に来訪。頻度はやや低め。

アクションしやすいパターン

・育児に役立つ学習・体験
・駐車場代がかからない
・自身も楽しめる上質な空間や一流のモノ

情報源

・観光施設に置かれたチラシ、リーフレット
・ママ友ネットワークの情報

同行者

・子どもとが基本（夫は出かけたがらない）
・平日ときどきママ友と

金銭感覚

・世帯年収700万
・子どもの教育費に使いたいので、抑えるところは抑える

交通手段

・買い物、送り迎えでほぼ毎日、自家用車を運転
・休日も自家用車の移動（でも高速は怖くて乗れない）
・東京都心へはバス、通勤にもバス

千葉市集客観光のための「千葉市に来たい人はこんなタイプ」より（P100）

PROCESS

3

ターゲットイメージの想起

• • •

前章までで、日々のフィールドワークから得た情報をもとに、見つけ出した地域資源の魅力をブラッシュアップして観光資源へ昇華されるところまですみました。これまでは、特別なテクニックは必要ありませんでしたが、ここからはクリエイティビティのテクニックなどが必要になってくる「プロ」の領域となります。

このテクニックのポイントとして**求人広告のコピーライティングから学んだこと**を中心にお伝えします。

具体的には、**コンセプトワーク**といって、企画の成否に直接関わるプロセスとなります。まず、この観光資源を知って興味を覚えて、喜んでくださる来訪客はどのような人だろうか？ などと**来訪客を身近なところからイメージする**ことから始めます。そして、それがイメージできたら、その人は今度は、いつ、どんな目的で、誰と来るのか、などどんどん具体的に「やってくる」ことを想起していきます。そして、その人がそれによって、体験する前と体験した後で「何」が「どう」変わったか？ など、いわゆる**「BEFORE→AFTER」で考える**と、事業価値、ご自身が本来やりたかったことがぶれることがなくなります。また、進めているうちに、何かの条件が障害になってイメージが湧かなかったり、実際に集客ができていない場合でもこのコンセプトワークをしっかり経ていれば、その**障害を1つひとつ取り除く作業**がスムーズに進むことがあります。この作業を通して、より、ターゲットがアクションしやすく準備しておくことが可能です。

【求人広告のコピーライティングから学んだこと】

私の場合、観光に携わる前に求人広告のコピーライターをやっていたことが今でも大きく役にたっています。転職先を探す際は現在ではネットで様々な会社情報、仕事情報などを見ることができますが、私がコピーライターをやっていた時代（１９８０年代後半）は、ネットもなく、大手企業以外だと採用情報はおろか事業内容さえ知ることができない時代でした。そんな時代だったからこそ培われたターゲット訴求テクニックで、私は大変幸運だったと思います。

何が幸運だったか、ご説明しましょう。

当時は、リクルートの求人広告は週刊誌でした。そして、毎週営業マン（ウーマンもいましたよ）がお客さまの所に行って、「こんな仕事をお願いしたいので、こんな人を採りたい」と聞いてきた内容を、私たち制作担当が形にして、求人広告を作るのです。毎週10本～30本ほどは作ったと思います。そして特記すべきことは、それらの結果が必ずわかったことです。これが「幸運」だった1つめです。しかもその結果というのが、「応募者はどんな人が来たか?」「応募者はこの広告を見てどこにひかれて来たか?」そして「その応募者は企業側が求めていたタイプか」などがつぶさにわかるのです。なぜかって? それは採用には「面接」がつきもので、「面接」では「応募した理由」を必ず聞いているからです。しかも、先ほども書きましたがインターネットもなかったので、応募者にしたらその企業の情報はこの求人広告に書かれた内容以外に知る由もなかったので、制作者としては「何が伝わったか？ どういう書き方がその人を動かしたか？」ということがかなりの純度、確からしさをもってほぼ一週間後にわかるのです。これが2つめの「幸運」。こういう環境とサイクルで仕事ができたことが本当に大きかったと思います。

これが商品広告ではそうはいきません。その商品が売れたのは、その広告以外の理由が沢山考えられて、成果の「純度（広告表現の貢献度）」が不明だからです。しかも、求人広告の場合は読者の「本気度」が違う。転職とは人生の一大事だから真剣です。つぶさに読まれることだと思います。作る側としては「てにをは」など一字一句まで注意を注ぎ表現するようになります。同じ会社の求人広告を作っても、デザインやコピー内容などで効果が変わるのです。

さらに、私は当時の制作拠点横断のプロジェクト「ZD撲滅委員会」に属していたのも大きかった。

「ZD撲滅委員会」のZDとは、「ZERO DEFECT」の頭文字で、〝効果がゼロ〟という意味です。当時のコピーライターにとっては最も忌み嫌う聞きたくない言葉でした。「あの原稿はZDだ」と言われるのは屈辱です。「ZD撲滅委員会」は、「いかに応募ゼロの広告に応募者を出すか？」を目的として毎週活動していました。みなで集まって、それぞれ「掲載したけど応募がゼロだった」広告をじっくり見て、どこが悪かったのかを話し合い、そして、その結果を担当制作者や営業マンにフィードバックして、リベンジを狙う彼らにエールを送るのです。これは考えようによっては一種の勉強会にもなっており、私たちは夢中で（しかも楽しく）活動させてもらえてました。この「ZD撲滅委員会」が見事だなと思ったのは、「効果がなかったものをZD」としたのに加えて、やがて「NZD」という新たな概念を生み出したことです。これは1987年の頃だったと思います。NZDとは、「ニューZD」という意味で（安易ですね（笑））、「広告を見て応募はしてきたけど、採用はゼロ」という意味でした。委員会は果敢にもこちらも改善しようと意気込んだのです。ZDとNZDの原因の違いを分析したり、改善をしたりして、どんどん「効果」コンシャスになったことはいうまでもありません。ちょうど、その時代に、優秀な新人コピーライターに贈られるTCC（東京コピーライターズクラブ）新人賞において、リクルートの転職情報誌のコピーライターが次々に受賞し、黄金時代（？）を築きました。それまでは大手広告代理店が総なめしていた同賞でしたので、業界の方も驚かれたのではと思います。その頃から、「リクルート」のクリエイティビティが注目されるようになったと思いますが、リクルートの中でも「求人広告部門」の方に固まっており、さらに、「求人広告部門」の中でも、「新卒」ではなくて「中途（転職）」のための週刊情報誌のコピーライターが大半だったことは、意外に知られていないと思います。つまり、新卒は、入社してから担当が決まるので、掲載内容は企業情報がメイン、しかも、応募のされ方がまずは「エントリー」的な形なので、中途入社の採用とは、制作に求められることが違うのです。「ターゲットをイメージして、キャラクタライズして、たった一人の方に伝える。そして、伝えた相手も、迎え入れた企業もともに幸せになってもらう」。「毎週必ずその結果が、応募数（定量）だけでなく、応募動機さらには、そのきっかけとなった広告のどの内容がどういう表現だから興味をもって人生の転機である転職の応募を決意したか（定性）がわかる」。効果を出すことができるクリエイターを育てる最高の業務フローができていたのです。私にとっては、この経験が今の仕事の根幹にあります。

なお、この時の経験を活かして独自のフォーマットを作り、大学の授業や各種講演でレクチャーして好評でしたので、そちらもご参考にしていただければと思います。（107ページ「キャラクタライズシート」参照）

ターゲットとする人物像は、たとえば、普段の「口ぐせ」までイメージできるほど、その人物像を明確にしておきます。これを逆に考えると、身近にターゲットとなる人がいれば、その人をどうアクションさせるか？ からひもといて、何を打ち出して訴求すればいいか？ ということとなります。

求人広告だとそのような求職者側から発想して会社を選択するという消費者サイドからの立ち位置は、企業からの広告収入に頼っていた立場では必ずしも完全ではありませんでしたが、これが魅力発掘プロデューサーという立ち位置でしたら、観光客側のニーズから観光地を選ぶお手伝いをすることが可能です。この「立ち位置の変換」は極めて重要。ぜひ消費者の側に立ち「プロダクトアウト∧マーケットイン」の考え方を自分の思考方法に定着させてください。

たとえば雑誌の編集部などが実売部数を増やすために、読者や非読者にインタビューして、そのニーズやシーズ（潜在的欲求）を引き出しているのも、いかに読者に支持される雑誌にするか（読者マーケットをつかむか）を磨いているからです。観光振興をする人間としては、この「ターゲットからの発想」ができるか否か、が極めて重要です。

最初に、一人の女性の不満を解消するべく動いた結果がその彼女が属する世界から全国4位の評価を得たことにつながった例をご紹介しましょう。千葉市のインバウンド戦略です。

■１年間美容院に行けなかった女性モスリムのための「モスリマ・ビューティー」作戦

人口100万人弱の大都市である千葉市ですが、訪日外国人向けの観光振興戦略がはじまったのは、2013年です。この年の秋に、「インバウンド振興連絡協議会」なるものを作り、2か月に一回の情報交換を続けてきました。ここで、何の情報交換をしていたかというと、イスラム教信者（モスリム）の外国人観光客を集客するためのノウハウや情報の共有でした。

私が千葉市役所に「観光振興のプロ」として入所したのは2013年4月です。民間人の管理職としての専門人材採用でした。千葉市はちょうど観光振興を本格的に推進していこうとしたタイミングだったと思います。入所当初は国内客向けの観光振興が仕事となりました。当時はインバウンド向けの観光施策がなかったからです。しかし、3か月後の2013年7月に、ある記者発表会があり、そこに上司の経済部長とともに参ったのですが、これが、その後の訪日外国人観光戦略立案のきっかけとなりました。

その主催者は市内のあるホテルで、館内の複数のレストランが、イスラム教の方の宗教的禁忌を守った上で、和食、中華、洋食などを提供できるようになったというお披露目の機会でした。ホテルでは国内に他に例がなく、およそ30社以上のメディアが取材にいらっしゃいました。私たちはブッフェ形式で数々の料理を試食し、そのすべてが美味しかったことに軽い驚きを覚えました。そして、このイスラム教の教えに則った（「ハラール」といいます）食材の選び方や調理法を備えていくことが今後のインバウンド集客に役に立つと思いました。

そして、その2日前に、日本政府は日本から最も近いイスラム教徒の国、マレーシアからの訪日ビザの廃止を決定し、今後、親日国でもある同国からの訪日客が増えて来そうな想像もできました。

この同時期に起きた2つの要因、「市内のホテルの国内初のハラール化」と「マレーシアからの訪日ビザ廃止」が、千葉市をインバウンド観光振興着手へと一気に突き動かすことになります。市内には国際展示場である幕張メッセがあり、多種多様な宗教・文化・民族などのバックボーンをもつ方を迎え入れるには「食のダイバーシティ」を推進しておく必要もありました。

PROCESS 3

ターゲットイメージの想起

モスリムの人口は2050年には26億人にまで増え、世界人口の1／3に達するという実に有望なマーケットであることも私たちの思いを強くしてくれました。ここを他市に先駆けて着手することは千葉市にとって有意義な先行者利益を得られると私たちは確信したのです。

そして、ハラールの概念などを日々学習し続けていた中で、ある勉強会で、市内の大学にインドネシアから留学していたイスラム教徒の女性と話し、驚くべき事実を知ったのです。それは、「日本の美容室では、私たちモスリムの女性は髪を切れない」ということだったのです。

これは、イスラム教の教えとして、「女性は髪の毛を夫以外の男性に見せてはいけない」「美容液などにも豚やアルコールに由来する成分のものを身体につけてはいけない」の2つをクリアする美容院がないという理由からでした。彼女自身は大変な不便をしながら、年に一度の帰国時に髪を切っていると言うではありませんか！

モスリムフレンドリー戦略を他市に先駆け、パイオニアとして走っていた千葉市でしたが、いずれ、多くの都市でも同じような動きが出てくるでしょう。その際に、市内の飲食店のハラール対応だけでは競合優位性が保てないと考えた私は、市内の美容事業組合の会長とこの話を討議し、「モスリマ・ビューティー　ＣＨＩＢＡ　ＣＩＴＹ」として、千葉市であれば、ハラールな料理に加えて、世界に誇る日本のヘアカット＆ヘアケアを体験できると訴求することにしました。協会のお店の方々と、ハラールの知識や英会話レッスン、男性の目に触れないような個室の整備、ハラールの洗髪材などの仕入れ筋確保などを急ぎ、市内約10軒の「モスリム女性歓

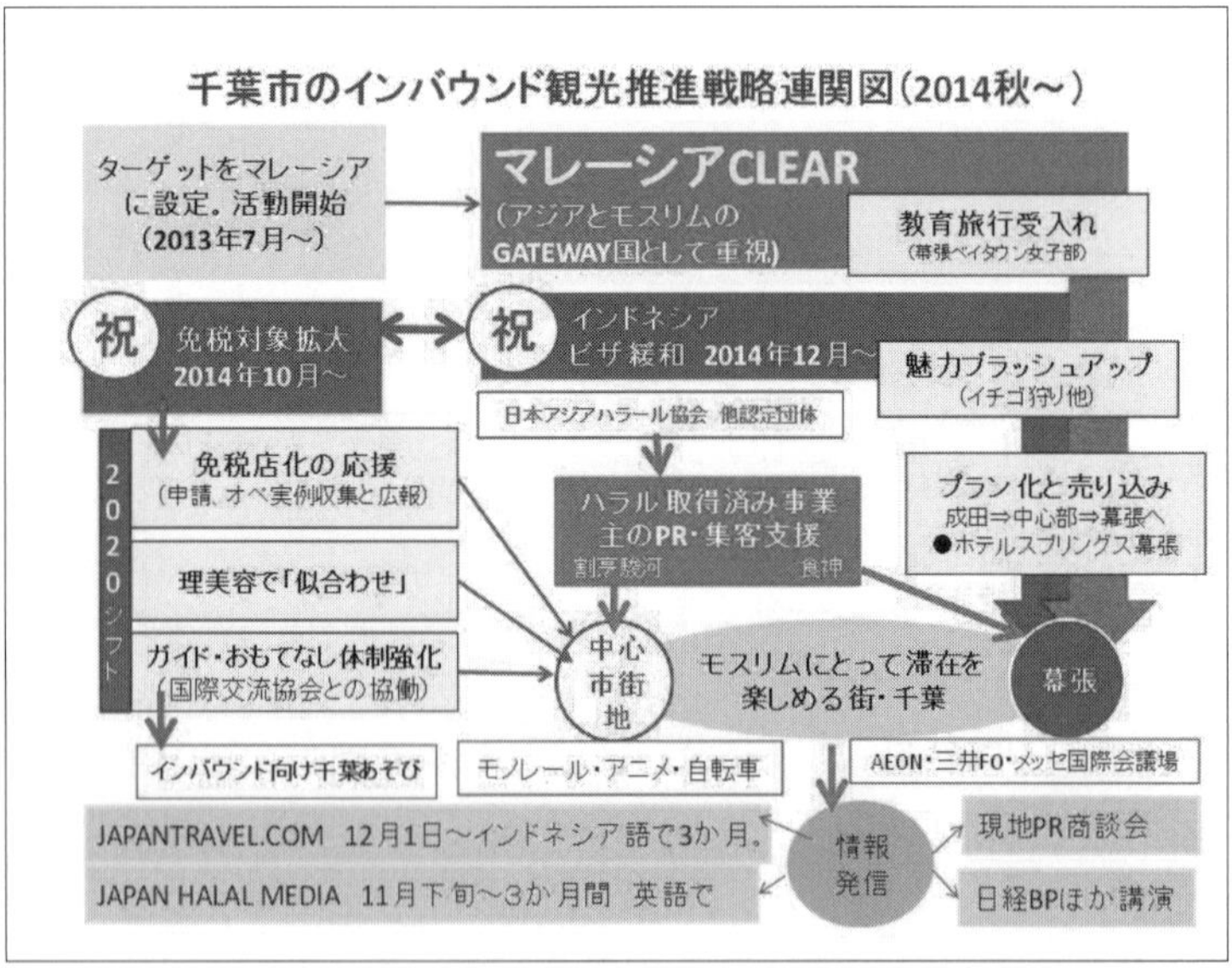

▲インバウンド戦略を「モスリムフレンドリー」から始めた千葉市。ターゲット国を「マレーシア」に絞り、まずはマレーシア人にとって「ファーストチョイス」の滞在先になるための戦術として現地に赴いての営業を皮切りに、ホームステイ受け入れ、大使館との連携による留学生交流大会の誘致などを次々に実現していく

◀市内のホテルや体験型観光プラン主催者はもちろん、大型商業施設から大学などの学術機関、飲食店から美容室、一般の家庭、大使館、留学生団体とのネットワークを構築した千葉市のインバウンド戦略「モスリムフレンドリー」。ダイバーシティの考え方に基づいた受け入れを実践する先駆者的都市として注目を集める

迎」の美容室を誕生させることができました。

その成果が認められたのか、県別で日本の「モスリムフレンドリー具合」をランキングした第一回の調査では、「千葉」が全国で第4位という結果を残すこととなりました。

これなどは、一人の女性の「不満」を直接知って、その不満の声をもとにマーケット分析を経て大きな戦略に構築した良い例かと思います。

もうひとつ、別の事例におつきあいください。

求人広告のコピーライティングで私が学んだのは、「たった一人にむけて書く」です。ラブレターと同じです。そして、一人の心を動かすことができれば、似たような人が大勢いるという発想です。そうすると当然知っておかなければならないのは、その人の心の声です。最近ではインサイト（洞察力）や、シーズ（潜在的な欲求）という言葉をよく見かけますが、それと同じであるとお考えいただいていいと思います。

ただ、「それはわかっていても、具体的にどうやれば……？」と多くの人は困惑すると思います。私が講談した経験でも、かなり多くの聴講者がそう思っていたようです。ここで具体例を出しますので、参考にしていただけたらと思います。

■「東西線、混みますね」

ある会社の求人広告を作った時のこと。その会社さんの雇用条件がかなり厳しく、普通に作ったら、多分応募者ゼロ（ZD）だろうと予想されました。

その内容は「正社員。未経験者歓迎。土日出勤あり。給与○万円。外に出る訪問系の仕事だが営業行為はなし。訪問範囲は東西線の西葛西駅からの徒歩圏内。会社は西葛西駅そば。」というものだったからです。仕事内容もお給料も際立つ特徴がなく、安定はしているものの、「土日出勤あり」という勤務日が不規則なのが最大のネックでした。

そこで考えた人物像は、

「現在、東西線に乗って、最寄の駅（葛西駅や南行徳駅など）から大手町方面に通勤している、江戸川区から西船橋間に住んでいる20代後半から30代の女性で、婚約者がいてキャリア志向から家庭志向に移りつつある女性」でした。

そして、先述した「東西線、込みますね ～西葛西あたりで降りませんか?～」という大胆なキャッチコピーの求人広告となったのです。

東西線は西葛西駅を過ぎるとすぐに地下にもぐり、混雑さも増してくるのです。

結果は数は少なかったのですが、想定していたタイプの方が2名ほど採用されたとのこと。

これなどは、転職したいと考えている方のマインド、転職して「どうなりたいか」をその方

PROCESS 3

ターゲットイメージの想起

のもつ現在の潜在的な「不満」から入るアプローチです。

ここに掲げた2つの例に共通することは、「不満を解消する」面を訴求したということです。

いつの時代も、行動要因の1つは、もっと「充たされたい」。つまり、今の不満足を、満足に変えたいという強い思いです。特に現在のコロナ禍などは、顕在、潜在ともに不満が蓄積されているはずです。この不満をどう探り当て、それを観光地に訪れることで、解消させられるか、は大きな可能性を秘めていると思います。

【コンセプトワーク】

コンセプトワークとは、プロダクトをより効果的に消費者に届けるための、クリエイティブ部分での考え方を明確に決めることです。過去の先人たちが様々な経験を通して作り出した方法論で、私たちは彼ら先人の夥しい試行錯誤から、重要な部分をシンプルに学ぶことができます。

具体的には、次の3つです。

「誰に」

「何を」

「どう」

伝えるか？　そして、それをより間違いなくすすめるために、私はもうひとつチェックの仕方を加えています。

それは、「なぜか？」です。

さらに、そうして各質問に答えた答えをより正しくするために、これらをもとに、その商品・サービスを、経験する前と、経験した後で、「なにが」「どう」変わったか？　そして、その変わったこと自体は喜ばしいこととなっているか？　を仕事に取り掛かる前に規定しておくのです。

「誰に」とは、いわゆるターゲットです。このターゲットをどこまで肉薄にできるか、がひとつのポイントです

■ターゲットにより好きな「理由」が違う

ある大学で、学生向けにお話をしていた時に、これをまざまざと感じたことがあります。学生は20人くらいでしたが、「あなたの好きなこと」をあげてもらい、その理由とともに発表してもらいました。複数の学生が「お酒」をあげていましたが、その理由としては、一人として同じものがなかったのです。

【学生があげた「お酒」が好きな理由例】

PROCESS 3

ターゲットイメージの想起

・皆で集まって楽しいから
・おいしいものが食べられるから
・飲みに行くのが好き
・風呂上りのひとときだから
・最近よいワインが安く手に入るから

ここには、「お酒そのもの」が好きな人、「お酒を飲む場・機会を交流の場として」好きな人。そして、「一人で生活の一部として」好きな人などが混在していたのです。この「理由」を掘り下げることが、ターゲットをより肉薄することにつながります。前述の「好きなもの」に「お酒」が複数あがったのを把握しただけで、「学生はお酒が好き」などと結論づけても実際のプロダクトには有意義な使い方にはならないことはおわかりいただけたかと思います。真の理由には「なぜ」を3回くらい繰り返してなげかけて初めて到達できると考えるのがよいでしょう。そうすればそのターゲットも、より細分化され、より肉薄できます。

■ターゲットにより感じる「魅力」が違う

千葉市の観光振興のために、数千人に千葉市の観光の魅力をWEBで調査した時の話です。WEB調査の後に、50人ほどをお呼びしてグループインタビューをしましたが、これが著しく

子どもの体験を何より重視。千葉市以南の本物志向の子育てママ。

TARGET No.1

木更津文子さん

PROFILE

【居住地】千葉県木更津市　【年　齢】38歳
【仕　事】建設業のパート事務(週4日)
【家　族】夫、長男13歳(中1)、長女9歳(小3)

「普段の買い物は近くのショッピングモール。芸術や文化を感じるならば千葉市の施設が整っていますね。子どもに様々な『本物』を体験させたいです。」

千葉市は文化施設が充実している。
さすが政令指定都市。うらやましい。

千葉市のイメージ・訪問経験

・千葉駅周辺から足が遠のいている。(近くでデパートと同じものが手に入るから)
・贈り物には、そごうや三越の包装紙の商品を求めに出かける。
・千葉市科学館には子どもを連れて行った。県の中心は施設が揃っている。

お出かけ頻度

半数が月1回以上来訪。頻度はやや低め。

アクションしやすいパターン

・育児に役立つ学習・体験
・駐車場代がかからない
・自身も楽しめる上質な空間や一流のモノ

情報源

・観光施設に置かれたチラシ、リーフレット
・ママ友ネットワークの情報

同行者

・子どもとが基本(夫は出かけたがらない)
・平日ときどきママ友と

金銭感覚

・世帯年収700万
・子どもの教育費に使いたいので、抑えるところは抑える

交通手段

・買い物、送り迎えでほぼ毎日、自家用車を運転
・休日も自家用車の移動(でも高速は怖くて乗れない)
・東京都心へはバス、通勤にもバス

■出現率

・0.6%　(潜在人口:10万人)
・男性(43.3%)、女性(56.7%)の割合。
・男性で多いのは50代(15.8%)、次いで40代(14.2%)
・女性で多いのは40代(22.5%)、次いで30代(19.2%)
・既婚者が多い(89.2%)

■この1年間のお出かけ先

ショッピング〔ブランド・アウトレット〕(100%)以外には、ドライブ(50.5%)、美術館・ギャラリー・博物館・映画・コンサート(38.8%)、温泉・スーパー銭湯(34.0%)など。

■千葉市で行ってみたいところ(複数回答の上位5位まで)】

1位 子どもが喜ぶテーマパーク・イベント・レストラン(52.5%)
2位 お洒落なカフェや雑貨屋・ショップ(46.7%)
3位 ショッピング(アウトレット)(45.8%)

居住地域

・千葉県内県南部(通勤圏エリア)
・千葉県内県南部(小旅行エリア)

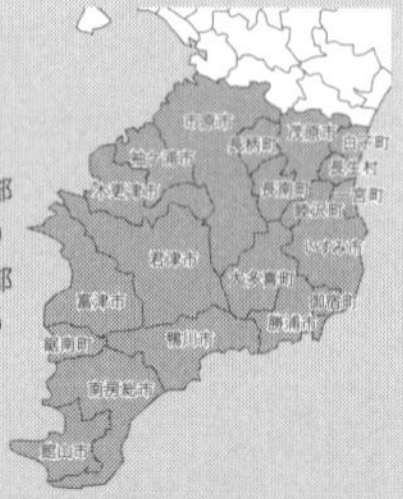

4位 夕陽・夜景・海からの眺め(36.7%)
5位 自然に囲まれたカフェや農家レストラン(36.7%]

■キャラクター全体値より有意に高い項目

子どもが喜ぶテーマパーク、子どもと一緒に職業体験といった項目は高い。一方で、温泉やスパ、産地直売所、その土地の産物や郷土料理、観光農園・果樹園、海浜部での潮干狩りや貝殻拾いなどの項目は低くなっている。

▲アンケートに加えて少人数のグループインタビューを度重ね、来訪者の像に迫った「ターゲット調査」。P102の「ターゲット10」で示したような問いを続けて、最終的に「心のつぶやき」にまで迫る。見えてきたターゲット像はそれぞれ居住地をイメージした苗字をつけた

貴重な気づきを与えてくれました。同じ小学生をもつ母親でも、千葉市より都内に近い所にお住まいの方と、千葉市より南房総側や外房側に近い所にお住まいの方では、千葉市に感じる魅力がまったく違ったのです。

前者は「千葉市まで来ると海と緑が広がり、自然が満喫できる」として「自宅から最も近い自然と親しめる場」と考えているのに対し、より郊外の方は、「千葉市まで来ると、美術館や科学館など本物の芸術、文化に親しめる」としており、いわば「自宅から最も近い都会」と捉えていたのでした。

【来訪者を身近なところからイメージする】

地域の観光振興を担っている方の多くが、「どのような観光客を呼ぶか」というと、えてして「県外」からとか「外国から」とか、地域切りで考える傾向があります。または、性別や年齢で捉えるケースも多いです。これらも間違いではないし、最初の設定としては大切なことだと思います。しかし、地元に唯一無二の強い集客力のある観光資源がある場合でなければ、ターゲットはもっと踏み込んで設定してください。

そうでないと、選ばれないのです。なぜなら、あなたの地元と同じようなジャンルで、同じような魅力をもっているところが沢山あるからです。

そこで、私がお薦めするのは、ターゲットを決めるということ（ターゲティング）ではなく、その人の居住地はもちろん、年齢・性別などの属性に加えて、職業は、年収（可処分所得）は、家族構成は、などに加え、どんなことが好きか、最近関心のあることはなにか、心のつぶやきまで想起し、最終的にどういう訪問形態（誰と、どうやって）で訪れそうかまで想像してキャラクターを設定する「キャラクタライズ」です。

そう、これは言ってみれば「妄想力」です。

これは、私が編集系のライターから、リクルートに入り、求人広告のコピーライターに担当ジャンルを変えた時にわかったことで、今もこの時の考えを踏襲して、観光振興を実施しています。この「妄想力」を強くするための簡単な準備をお教えしましょう。人は、通常、自分とまったく異なる考えや立場の人のことはなかなか理解できません。ですので、まずは自分を含め、自分の身の回りの人10人ほどを、「仮想サンプル」として、普段のお付き合いの中で、把握していきます。これを**「ターゲット10」**と呼んでいます。

最低知っているであろう内容に加えて、把握しておくとよいポイントをまとめます。

（嗜好群）

①好きなこと…最も重要なので、具体例として「好きなもの・こと10」シートに（104ページ）。

PROCESS 3

ターゲットイメージの想起

②最近気になること
③最近不満に思っていること
④直近のお休みの日、何をしたか?
⑤今度のお休みの日、何をするか?
⑥くちぐせ、頻出する言葉、フレーズ
(属性)
①出身地やこれまで住んだことがある所
②今の居住地
③運転可否と自家用車の有無
④年収と可処分所得
⑤家族構成
(最後に)
心のつぶやき　↑これは自分で書いてみましょう

このあたりを10人分作って表にでもまとめておいてください。ちなみに、選ぶ相手はなるべく気の置けない方がいいでしょう。というのも、いくらよく知っているからといって、前述11の要素すべてを知っていることはそうそうないはずですから、妄想に行き詰ったら、その観点

私の好きなもの・こと10

例）食べ物・飲み物、場所（日常・旅行先）、趣味・はまっていること、音楽、時間帯、本、映画・ドラマ、スポーツなど

NO	好きなもの・こと	なぜ好きなの？ その理由は？	抽出できるキーワード
1	立ち食いそば	子供の頃から食べてみたいと思っていた。立って食べるのが、粋で、かっこよい。早い。簡単でシンプル	食べる、簡単、早い
2	川沿いの散歩	のんびり散歩できる。亀や鴨、鷺などを見て、自然に癒される。特に早朝の散歩はフレッシュな感じがして格別	自然、早朝、フレッシュ
3	ラテンの国	情熱的。光と影を内包している。ラテン気質。熱くて、ほれっぽい。ロマンチック。わびとさび	情熱、ロマンチック
4	パスタ作り	トマトソースパスタ。トマトソースの作り方がレシピによって様々なので、その違いを再現して食べて確かめる。時に大変美味しくできるので、うれしいかぎり	違い、食べる、再現
5	昼のみ	早朝夜明け前に仕事を開始して、午後2時ごろまでに仕事を終わらせると爽快。夜の自粛期間ならではの楽しみ	爽快、早朝
6	サルサ	ラテン音楽。繰り返し。形式美。一瞬の輝きと疾走感あふれる、テンポ。派手でゴージャス	疾走感（スピード） 形式美、繰り返し
7	夏	寒くない（寒いのが嫌い）。昼が長い。活動的。ビールがうまい。アクティブに運動しやすい	ビール（飲み）、昼、運動
8	歴史小説	史実を作者がどう捉えて、物語にしているか、が興味深い。質がいいものは勉強になる。人間ドラマ	物語
9	映画「大脱走」	史実をもとにしたドラマ。特に国民性が反映されている人物像がいい。ルールの中でがんばる姿勢	ドラマ、ルール、史実
10	サッカー	集団プレイ。勝ち負け。フェイント。ルールが難しくない。いつでも参加できる。ボール以外に用具がいらない	簡単、勝負、ルール

共通していることは・・・

熱い（情熱）、形式（ルール）、簡単（シンプル）、勝負、スピード（早い）、ドラマ

これらのいくつかを内蔵している　「次（11番目）に好きになりそうなもの」を挙げてみる

（桜井さん）が好きになる11番目のアイテム・テーマ

「アイスホッケー観戦」

から観察する➡それでもわからなかったら、本人に聞く、ということができるからです。聞きやすい相手がいいということです。しかも無料です（珈琲をおごるなどのお礼はしたいですね）

ちなみに、最初から本人に直接聞くことは簡単ですけど、私は避けることをおすすめします。なぜならこの「妄想する」こと自体が、魅力発掘プロデュースの力を自然に鍛える行為になるからです。

私は、このシートを、求人広告コピーライターから、海外旅行情報誌編集者に立場が変わった後にも大変活用していました。

実は、このように「身近な人をイメージする」ことは、他にも大きなメリットがあります。それは企画が進んでいる最中や実際に企画ができた時に、いちいち意見を聞くことができるのです。

求人広告の世界では、多種多様な求職者の中のたった一人に刺さるような広告を作ることが必要です。求人広告を多く作ってきて現場で揉まれ作り出したクリエイティブナレッジです。ぜひ、ご活用いただければと思います。

■妄想してキャラクタライズ。その結果、求める人物像をほぼ的中！

この妄想を続けていると、時に奇跡とさえ思えるほどの的中経験を得ることがあります。

つまり、自分で妄想した属性そっくりの人が実際に出てくるということです。

私の場合もこれに似た例が一度ありました。

ある家庭用電化製品を出張販売するスタッフを募集する求人広告でした。

求人広告のターゲット設定戦術で効果的なメソッドの1つに、採用担当者に「求める人物像」を丹念にヒアリングして、その方をいわば「名指し」で広告上で呼びかけるのです。これは、わかりやすく言えば、医薬品の広告に近いかもしれません。たとえば、風邪薬でも「喉からくる風邪に」とか「鼻からくる風邪に」と具体的にして「あ、これは私だ」と思ってもらうことです。つまり「名指し」。ご指名で呼びかけるのです。

私が経験したのは、この「欲しい人物像」を採用担当者に聞いて、イメージしている時でした。仕事内容を詳しくヒアリングして、「どのような人が向いているだろうか? どのような人がこの仕事に出合えれば、その方も会社も幸せになるだろうか?」と考えながらヒアリングしていました。そして、その仕事の楽しいところも大変なところももれなく聞いた後、私がイメージしたのは、「短大を出て、メーカーに勤務している22歳の女性。学生時代はバレーやバスケなど団体球技を部活でやっていたいわゆる体育会系で、キャプテンや部長などをしていた人。出身は静岡」だと。そして、ためしにその採用担当者に、「今回採られたい人物に最も近い方で、すでに在職中の方がいらっしゃったら教えてください」と言って、その担当者が教えてくれたプロフィールが、なんと、私がイメージしていた人物像に、「学歴」「年齢」「出身」「学生時代

PROCESS 3

ターゲットイメージの想起

その人はこんな人です

キャラクタライズ表

その人はこんな人です ⟷ **彼(彼女)にとってのメリット**

性別	女性
年齢	25歳
学歴	静岡出身。地元の県立高校卒業後、身体を動かすことが好きなので大学の教育学部・体育専修へ。 教生実習で挫折して、体育の先生になることを断念。 23歳で「刺激と夢の実現」を求めて上京。 恵比寿の大手専門学校WEBデザイン科2年目在籍時に友人の紹介で小さな広告代理店に入る。2年目に適性を上司に発見され営業へコンバート。営業経験2年を終えて、25歳を区切りに12月に退社。 現在フィットネスセンターの水泳の先生として週4回バイトはじめたばかり。
居住地	東京に来てからずっと住吉。ほんとは、下北沢か三軒茶屋、自由が丘がいいんだけど。格安のアパートを見つけて一人暮らし。家賃65000円。
その他バイト歴	・容姿にはそこそこ自信があるので、友達の誘いで渋谷のキャバクラで働いた経験あり。3ヶ月ほどやって専門学校時代の学費は一部ここから捻出したが、当時つきあってた彼に言われてやめた。接客も苦じゃないし、金を持つことが気持ちいいことをはじめて実感した！ ・大学時代はガソリンスタンド。飲食もやったがかったるくて、やめた。身体を動かすのがあってるらしい。
家族構成	次女。地元に父・母。 東京には4つ違いの姉(OL)が一人
特技	・中学・高校と水泳部。・性格は体育会系。素直で人懐っこい性格なので年上の人(男女共)になぜか可愛がられること
お休みの日何をしているか	・前の職場の友人と飲んで遊ぶ。好奇心の赴くままに町探検してたり、姉や姉の友人たちとお食事。つきあって半年の彼氏がいるが、どうやら二股をかけられているみたいで、つらい。
趣味・お宝	・最近、演劇なんぞもいいな、と。 ・カラオケは熱唱系。
将来の夢	探し中。何かの分野で成功したい。
どんな不満・不安・欲求	ついに25になってしまった。年末に故郷で同窓会。友人に子供が生まれるなど、老けてきたので、やっぱり自分は都会がいい。心機一転！
口癖、よく言うこと	「やるときゃやる」「ピンときた！」「私を呼んでいる」
情報入手の仕方	休日に近所のミスドで一人で食事してるときに、偶然●●誌を手にする。
その他	体力勝負は今のうちっ！もともとは社員志向。

仕事の魅力	主役をはれる。皆に注目される。来訪者と打ち解けられる。年上に可愛がられる。いろいろなところにいける。一仕事終わったあとの「やりきり」感 知らない町に行ける 自分にチャレンジ
シフトの魅力	3ヶ月ごとに自分に向き合える. 契約期間が短いので、自分で期間を決められる(チャレンジしやすい)
給与・待遇の魅力	成果主義 3割の契約社員が年収700万円であること。
仕事のやりがい	成果主義 給与をもらって、成長を実感できる
面白さ	その都市にはじめて出かけて行くときの心地よい緊張感が快感。終わった後の達成感は格別！

マイナス情報、フィットしない情報

勤務シフト	・継続的な習いごとなどができない。
勤務地	家はどうしようか・・3ヶ不在時の家賃ももったいないなあ。
その他	友人/恋人に会えない 意外にさみしい
将来	キャリアアッププラン 事業の成長性→メリット情報に昇華

心のつぶやきは？

今年はやるぞっ〜！

訴求ポイントをわかりやすく言えば・・

▲リクルートのコピーライターとして著者が作った「求職者」と「採用する企業」とのマッチングを実現するために作った「キャラクタライズ表」。内容は本書のための加工して例示

の部活動」「キャプテン」すべてが当たっていたのでした。これはさすがに私も鳥肌が立ちました。しかし、これは普段から、10人マーケティングを習慣にしてキャラクタライズを実践していた結果なのかとも考えています。そして、この「ターゲットを、サービス・商品を提供する側に寄せて肉薄にする」という行為は、観光振興にも大いに役立ちます。

【「BEFORE↓AFTER」で考える】

観光振興で特に大切なことは、クイックリザルト&ラストロングかと思います。つまり、小さくていいので可能な限り早く成果を出して、それを皆で認識して喜んで、次につなげる、長く続けるということです。

しかし、成果をあげて、出だしはよかったとしても、不幸なことに途中から事業規模や提供価値が縮んでしまうこともよくあります。世の中の動きとは別に原因があるとしたら、それは、直接的には財務上の理由が大きいのでしょうが、別にひとつ気をつけておいたほうがいいことがあります。

それは、「ぶれない」ということです。よく聞くフレーズかとは思いますが、「言うは易く行うは難し」です。では、なぜ、そうなのか？　それは、事業価値を想定している際に、それによって、「誰がどうなるのか?」の顧客の「変化」がそこに書かれてないからなのです。そして、それがやがて「消費者不在」につながり、単に「事業を続けること、それ自体が目的」になってしまい、事業開始時の思いは、伝承されないのです。

本来「事業の継続性」などは、プロセス4「受け入れ態勢の構築」で述べることかもしれませんが、「顧客」という観点で考えることが大切なので、あえてこの章で記しています。

次に述べる「BEFORE→AFTER」をイメージする、関係者皆で共通認識をもっておくことは、そもそも事業を始める理由に直結することですから、基本的にワクワクできることです。ですから、ここを皆で話し合うのは、楽しい時間です。楽しい時間にしてほしいと思います。

■小さなまちの職員の考え方、大都市の職員の考え方

私は、人口数万人ほどの小さな市から、100万人規模のまちまで地方行政の内部で仕事をしていました。その経験から推しはかって考えると、「そのサービスを受ける方のイメージをつけやすいと、仕事が迅速に効果的にできる」ということです。

ある時、ある小さな市の市役所の職場で、こんな連絡が市民から入りました。「●●道路の街灯がつかなくなっている」と。その時に電話を受けた担当部署が、どういう話をしたか。

「●●の街灯といったら。●●（お店の名）から山の奥に登るところやろ？」

「そうですね」

「あそこな……。たしか木野さんちのおばあちゃんが、孫のひなちゃんを夕方迎えに行ってるやろ？ 早めにつけてあげんと、夜道、危なかよ。ひなちゃん、この春幼稚園入ったもんね～」

そう言われた若手職員は、身も軽く軽自動車に乗って、出動していきました。人口3万人余りの市役所で机を並べて働いていた時に実際にあったことです。


これが大都市の役所だとどうでしょうか？ この「自分が動くことで、どこの誰が救われる」という実感がもちづらい状況になっているかと思います。これは、ある意味致し方ないですよね。しかし、それによって、実際に喜んでいる人のイメージができなくなると、役所仕事はしんどさだけが膨らんでいくでしょう。


「市民のために」やる仕事は手ごたえを感じづらく、「木野さんちのおばあちゃん」のためにする仕事は、ありありと手ごたえを感じるのです。

これから、観光振興に着手しようとしている方には、ぜひこの「木野さんちのおばあちゃんが孫娘を迎えに行く」のを助ける、というような想像力をもって、取り組んでいただきたいと思います。私が繰り返し、顧客を「セグメント（細かく分ける）」して、「キャラクタライズ」

することの重要性をお伝えしているのも、このような理由なのです。

BEFORE「木野さんちのおばあちゃんが暗い夜道でつまずいて怪我をするかもしれない」

↓

AFTER「木野さんちのおばあちゃんと孫娘が明るい街灯の灯りのもと、安心しておうちに帰れる」

という感じでしょうね。

観光振興の仕事もまさに同じなのです。「なんのためにやってるんだっけ?」と疑問をいだくことがこの後、必ず出てきます。その時に、ぜひあなたならではの「木野さんちのおばあちゃん」を思い出してください。それがある限り、その事業はぶれません。

【障害をーつひとつ取り除く作業】

私たちの仕事のゴールは、「アクションさせる」ということです。体験型観光プランであれば、申込みしてもらい、実際に参加してもらうことです。コンセプトワークも、身近なところからターゲットをイメージしてキャラクタライズすることもすべてはこのゴールに到達するためのプロセスです。

その際に、意外な盲点として、主催者が気づきにくいことがあります。これは、設定したプランが魅力的なはずなのに、参加人数が想定レベルに達しない時などにたまにみかけます。具体的には、そのプランの魅力云々とは違って、そのターゲットが参加しづらい、障害となっている要因が隠れているケースです。

■公共交通のアクセスやイベント時間の設定は大丈夫？

最近は小規模な酒蔵が試飲会や蔵開きなどで多くのお客さまを集めていますが、私があることで知った酒蔵は、蔵開きのイベントにお客がなかなか来なくて頭を悩めていました。そして、その蔵開きのイベントのチラシをなにげなく眺めていてすぐにわかったのです。その酒蔵は、人里離れた里山にありました。普段は、車に乗って買いに来るお客さまもいたので、うっかりしていたのでしょうか、公共交通が極めて不便にもかかわらず「試飲」を売りにした蔵開きイベントをしてしまったのでした。バスなどの公共交通が十分に本数がなくて、どうしてその酒蔵でお酒を飲むイベントに顔を出せるでしょうか？ お酒を飲んだ後に、車は運転できません。ちょっと考えたらわかることなのですが、意外にうっかりしてしまうのです。笑い話のようで

PROCESS 3

ターゲットイメージの想起

すが、実話です。（ちなみに、このような酒蔵の試飲つきの蔵開きイベントには、最寄の駅からシャトルバスを特別に出すとか、もしくは送迎付きにするなどが一般的かと思います）。

このように、アクセス方法がスムーズかどうかは、プランの魅力に関係なく、意外に盲点で気づかれていないケースが散見されます。

また、ある体験型観光プランの集客が伸び悩んでいたことがありました。前記の蔵開きでのアクセス上の障害を払拭した経験があったからなのか、アクセス面を見たところ、その一因がすぐにわかりました。それは、午前中のバスの便が不便で、最寄のバス停に駅からのバスが着くのは、朝は7時15分と、10時10分。そして、体験型観光プランの開始時間は10時からだったのです。せめて10時20分にしてあげれば集客が増えたのではと思います。このような目線は、「読者サイド」に立ち、実感を感じる訓練をすれば自ずと身についてきます。ぜひ、ターゲットを設定したら、その方の日常までイメージしてください。

たとえば、ペットを飼っているだけで、旅行に二の足を踏んでいる方もけして少なくはないのですよ。

■「消費者の日常」を想像してリリースした、イチゴ狩りプラン

イチゴ狩りが人気です。都心から車で1時間余りのイチゴ農園をプロモーションしていた時

のことです。その農園のある田園エリア全体をプロモーションするために、まずはイチゴ農園の週末の集客状況を調べたところ、朝9時の開園段階ですでに入口には列ができており、開園30分足らずでもう入場制限がかかるという人気ぶりでした。イチゴ狩りは都会の家族にとっては、子供を連れて行ける手軽なアクティビティなのですが、この状況からは、そう手軽とも言えないことに気が付きました。都心から1時間、家族を乗せて車を運転してくるお父さんは、前の晩（金曜日）に残業やらおつきあいやらで遅くなっても、早起きして家族のために眠い目をこすって運転しなければならないわけです。そこで、私が提案したのが、午後1時からできるイチゴ狩りでした。いわく「お寝坊さんも安心。予約して楽しむ「午後からイチゴ」狩り」というプラン。リリースしたところ、大変好評を博しました。

　これなども、消費者の日常を想像して、「参加しづらい」理由をつぶしていき集客を実現したという「障害を取り除いた例」です。平日の仕事疲れがたまった中で、家族のためとはいえ、土曜日朝に運転しなければならなかったお父さんたちをイメージできたらいいですね。

▲新機軸のテーマを打ちだす際には、複数の要素をそのテーマでくくって、特集化できるまでにもっていくと、強さが増します。「午後から楽しむイチゴ狩り」は、各イチゴ農園に働きかけ複数のプランが登場したことで「特集」に

PROCESS

4 ▶ 受け入れ態勢の構築

地元の役者、大学生、商店街のお弁当やさんなど。観光とはそれまで無縁でも「切実オーラ」を秘めている人はいる。彼らの「思い」を集め企画を作り、彼ら自身を起用する。成果を出してアプローズ(喝采)で讃える

PROCESS

4

受け入れ態勢の構築

• • •

「ターゲット」が決まったら、まずはその人を迎え入れる準備です。ここは最も注意が必要なフェーズとなります。**誰にやってもらうとうまく行くか**を考えて、その方と入念に腹を割って話します。信頼関係がないとここはうまく行きません。また、どうしたらうまくいくかを、メソッドや仕組みを導入して、成功への手ごたえをお互いに感じる必要もあります。そして意外に大切なことは**「終わりを決めておくこと」**です。詳しくは後にご説明します。

プロデューサーとしては、当然ですが、**収支をもとに事業計画**を立て、加えて、協力者を求め、そして、プロデューサーがいなくなっても（形は多少変わることを前提として）継続できるように、しっかりとしたコンセプトを作っておきます。そこには、そのコンセプトが関係者の腹に落ちるように、様々な機会を利用して、くどいほどに説明しないといけません。なぜなら、**「やらされ感」をもたれたら水の泡**に帰するからです。また、もしその人がいなくなったら終わってしまうというのは、あまりにも悲しいし、時と場合によっては、その土地の方に失礼にあたるかもしれません。

これらは、いわば「巻き込み方」や、「マネジメント」に共通するところが多くありますので、それら専門の方々からご意見を伺うのもいいかと思いますが、私が現場で実際にやってきたことも後ほど記したいと思います。

【誰とやればうまく行くか？】

最も重要なことはまず「主催者を決めること」です。よくあることなのですが、ここまでやってきたアイディアをもとに、話を進めていて、最後になって「主催者が見つからない」または「主催者が変わる」ことがあります。その傾向をご説明しましょう。

●主催者が見つからない

協議会やプロジェクトを立ち上げ実施しようとする際にありがちなのですが、その事務局となるべき機能の担当者にその認識が十分でない場合。または、その事務局が属する親組織から「待った」がかかることです。どちらもふりだしに戻る一大事になります。

【予防法】

あらかじめ検討委員会と実行委員会を別々に設定しておく。または策定委員会と、その下部組織の実行運営チームなどです。そして、誰がどういう立場で参加し、どういう役割を担うかを、事前に共有しコンセンサスを得ておくことをお奨めします。

しかし、それによっても調整事に多くの時間が割かれるはずです。それよりは、本当にそのコンテンツに直接従事している人を主催者にして、それをフォローするほうが小回りが利いて、かつ成功の可能性が高いように感じます。これはあくまでも実感です。つまり、最初は「スモールスタート」（最小限の人数で、全員が「自分事」として捉えることができる）で、まず実績を出し、後から仲間を増やしていきたいものです。

●主催者が変わる

主に予算まわりが原因で、まれに起こります。地域には、県や市町村などの「地方行政」、そして、一部はその外郭団体でもある「社団法人」が多い観光協会、商工会議所や各事業組合などの「団体」、そして企業などの「事業主」と大きく3つの性格を異にする組織があります。たとえば、企業や民間の事業主を中心にあなたが企画をイメージしていた時に、ふと、行政から、地方行政の観光振興枠などで、予算（助成金や補助金）がついて、「この予算を使ってみませんか？」と薦められることがあります。予算がついたこと自体は喜ばしいことでしょうが、その予算を使うためのルールがあり、そのルールに従う必要が発生し、結果、本当にやりたいことを曲げないといけなかったり、これまで関与がなかった方からご意見が入ることがままあります。〇〇〇的なものを立ち上げてくださいとか、指定された（別の）業者さんを通してお願いします、などと要望が入ることが少なからず出てくるのです。そしてその企画が世の中に出た時は、その新たな主催者さんの仕事として記録されてしまうわけです。それでもかまわないよ、という方もいますが、これを「継続させる」観点でいうと、慎重に考えたほうがいいと思います。つまり、「予算がつくことになった」ので実現できた企画は、その翌年度に予算がつくとは限らず、継続性が不安定になるからです。思案のしどころですね。

PROCESS4 受け入れ態勢の構築

【予防法】

では、誰とやるとうまくいくか？　それは、そのプランの鍵を握るコンテンツを持っている方、またはそれを創出するその方自身です。あなたが「これはいい」と目をつけた段階で、すでにそこにはなにか、人の心を打つものがあります。つまり、あなたとその方は共通するセンス、共感できる価値観があるからなのです。なんとしてでも、その方が、その方自身の資産（アイディアとか創出物とか）を世に出すきっかけになるように、まさに、そこをプロデュースしてみてはいかがでしょうか？　お気づきかと思いますが、地域の観光振興プロデュースなんてことはそれだけでは絵空事にすぎません。そんな漠としたきれいな言葉ではなく、目の前のご本人その人を信じて献身的に協力し、自らが持てる力をそこへ注入することを愚直に実践するのです。あなたが彼に与えられる価値とはなんでしょうか？　知識や経験、または体力やフットワーク、人脈や知恵など、考えられるすべてを投入して、その人を応援するのです。これが、その土地とのおつきあいが「期間限定」にならざるを得ない、魅力発掘プロデューサーの誠意なのではないかと思います。

そして、いざ、プラン化、集客した現場をイメージするとしたら、まず足りないのは、ヒューマンリソース。使える人材がいるのであれば、これは、ぜひ仲間にいれたい。ただし、そのやり方にもコツがあるように思います。簡単に言えば、あなたがどうこう言うのではなくて、さきほどから論じている、そのあなたが見込んで主催者にしようとしているその方の知己を巻き込むのですね。たとえば、その方の取引先、お客さま、所属している団体などなど。結局、その方のもつ人脈とは、その方の魅力のエッセンスを自ずと含んでいることが多いので、ここはあなた自身が人脈開拓と気張らずに、その方の人脈を頼って、そして、新たなパートナーとして引き込むことが賢明かと思うのです。「類は友を呼ぶ」を信じて、仲間に引き入れましょう。単なる人手ではなく、その方があらたに持ち込む資産やアイディアにより、企画に厚みが出て、お客さまへの提供価値を格段と大きくできる可能性さえ秘めています。

■共通点は、切実オーラを放っている人

たとえばワークショップ、講演などをする機会があれば、あなたの話が終わった後に、あなたのところに来て、名刺を差し出し自己紹介をする方。思えば、私の場合、そういう機会に出会った人との交流をその後に大切にしながら、いざという時にキャスティングして企画に取り入れたことばかりです。そういう方々に共通している特徴があります。それは、「切実オーラ」

PROCESS 4

受け入れ態勢の構築

をその目から放っていることです。

　ある講演会でお会いした地元おでかけ情報サイトのWEBマスターは、一見おとなしめの女性でしたが、その瞳は燃えていました。一緒に仕事をしたい、それを機会に地元を面白くしたいという切実オーラを感じました。結局彼女とは、私が寄稿兼ナビゲーターとしてその後協力体制を築き、約5年にわたり、そのまちの地域資源を発掘し、レポートにし、やがて体験型観光プランにまで成長させていく、またとない機会となったのです。このようなことは枚挙にいとまがありません。彼らの多くに共通しているのは、規模の多寡は別として、地元でメディア関連の活動をしていること、または、地元でイベントや広告ビジネスをしている会社に属していることです。そして大体が20～30代とまだまだ若い方なのです。なぜこの方々がいいかというと、この方々は東京他大都市に行ってもできる仕事業

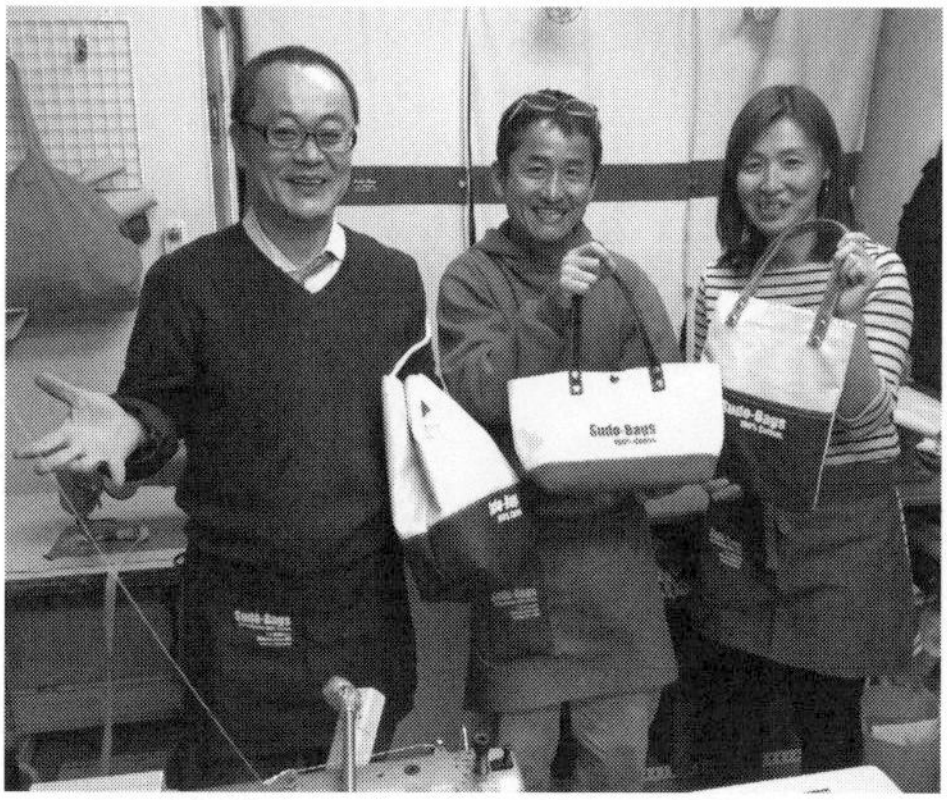

▶自社でメディアがもてない場合は地元メディアに寄稿などして情報を発信。メディアの理解を得て連載化するとさらに良い。写真は千葉の地元情報WEB「BayWave」の編集長で「切実オーラ」を放っていた伊藤和美さん。「千葉あそび」で集客推進していた筆者とペアを組み現場に突撃。月一回の連載は50回を超え集客を横から支えてくれた。（Sudo-Bagsでの手作りバッグ体験の時の記念撮影）

種なのに、なんらかの理由で地元に留まっている。そして、自分のもてる力で地元に貢献しようと、純粋に考えているからです。また、思いだけではそのビジネスはできていませんから、ある程度経験がある。場合によっては修羅場もくぐり、地元のイベント、メディアビジネスの担い手として、酸いも甘いも知っているというわけです。このような方々が味方につけば、他の主催者への良い影響も生じて、場合によっては、それら主催者グループのまとめ役となりうる可能性さえあります。そうなると、自走の可能性が大きく広がり、そのプロジェクトは単年度で終わることなく、継続するめどがつくのです。20代から40代前半くらいまでの地元の情報発信・イベント企画などを生業にしている方、そしてあなたと仕事をしたい、またはあなたに興味を持っていて、切実オーラを放っている方、そういう人こそ、地域の観光振興の担い手、リーダーとして、魅力発掘プロデューサーのパートナーとして関係を深めていきましょう。

【終わりを決めておくこと】

これまで私は様々な観光振興事業や体験型観光プランを見てきましたが、それらのうちの多くのプロジェクトが、認識せずに設定しないで走り始めてしまっている「こと」があります。それは、ずばり、「終わりを決めておくこと」です。プロジェクトを始めたはいいが、その事

PROCESS 4

受け入れ態勢の構築

業の終わりを決めていないのです。これは、一見たいしたことのように思う人も多いのですが、私は、私がその立上げからしっかり関与している場合は、必ず言っています。「終わりを決めておきましょう」と。

終わりを決めることは、「ゴールが見える」こと、もしくは「タイムリミットがある」ことですが、私の場合は、ほとんどすべてが「タイムリミット設定型」です。つまり、困難な立上げを取り組んで、へこたれそうになっても、「あと●●日で終わることができる」。という救いになりますし、一方で、「あと●●日で終わりだ。だからこそ、最後までがんばろう」というポジティブな気持ちになり、成果を出しやすいのです。よく「泣いても笑ってもあと●●」と言いますよね。この言葉の裏に隠れている意味が、「締切」の価値なのです。これは、スポーツをやっていた人なら実感できるのではないでしょうか? 特にサッカーやバスケットボールなどは、試合時間が決まっていますから、自己のもてるすべての力を振り絞って、なんとかタイムアップまではやりきる、がんばる、という思いはほぼ全員がもつと思います。終わりの時がいずれくるから、その間はずっとがんばるのです。また、陸上やマラソンなどレース競技でしたら、文字通りの「ゴール」が設定されており、そこまではなんとか辿り着こう、とすべての選手がそう思います。これが、ゴールがなく、永遠に走り続けなければならないとしたら、それは地獄でしょう。その地獄から逃れるために、タイムリミットを設けてください。

観光振興の担い手の多くは、生業とは別に新たな任務としてそれを開始しています。つまりこれまでより負荷がかかっている状態なのです。まずはそこを理解してあげたいと思います。負荷をかけてまでも、地域のために時間を費やしたいと思ってくれている人たちなのです。ですから、終わりの時間を決めてあげてください。そして、「泣いても笑っても●日まで」として、その間を全力でがんばる。終わった時に、もしうまくいっていたら、皆でお祝いをして、さらに「もっとやりたい」という意見が強いのなら、相談の上、その翌日から、「第二ラウンド」を開始すればいいだけの話なのです。これが、受け入れ体制の質を下げずに健全に営むテクニックのひとつだと思います。

また、これは半分冗談のようですが、「タイムリミット」がないため、多大なマイナスを引き起こしているケースが、観光振興の世界では実はけっこうあるのです。たとえば、そのまちのキャッチフレーズ、イラストや着ぐるみで作ったキャンペーンキャラクター、さらには、地元出身の方で著名人などにお願いしてなってもらっているケースが多い観光PR大使など。これらに共通する傾向としては、いずれもプロモーションに関係する内容であることです。そして観光ジャンルのプロモーションは普通、うまくいくか、いまいちだったかの評価が難しいのがポイントです。つまり、「うまくいっているかどうかわからないけど、とりあえず惰性で続けている」。しかし、当事者側はそう言ってお茶を濁しているかもしれませんが、世間はとうの昔に忘れているケースがほとんどです。そうなるとどうなるか？　その上に新たな価値を積み上げることができなくなるのです。

たとえば、近年人気が出ていたある生産物をシンボルにしてゆるキャラを作ろうとしたとします。そして、その計画を進めている最中にある事実がわかるのです。「実は別のシンボルを5年前に作ってまちのマスコットにしていた。今では誰も覚えてないけど」などといった具合です。そこで、せっかくの新規ゆるキャラ創出計画が足踏みしてしまい極端な話、頓挫してしまうのです。

なんだか、世間で言われている「老害」に似ていますね。年長者の存在が若手の活躍の芽を摘んでしまっているのです。ですから、それら年長者には、定年をあらかじめ設けるべきなのです。「終わりを決める」こととは、この「定年をあらかじめ決めておくこと」と等しいのです。

■期間を決めたからこそできる、プロモーション価値の創出

あるプロスポーツチームは、チームのマスコットを「単年度契約」にして話題を呼んでいます。選手と同じで、シーズンが終わると経営側と面談があり、その結果、「契約更新・契約延長」か、「契約終了」となるのです。そして、この結果が、地元の新聞などに「ほほえましい」ニュースとして誌面を写真入りで飾るのです。これなどうまくプロモーションしているなぁと感心します。契約シーズンのたびに話題にあがりますから、これはただでＰＲしていることと同じなのです。

ぜひ、「終わりを決めておくこと」を事業価値向上と、プレイヤーのモチベーションマネジメントのために、そしてPR機会の創出のためにも、戦略的に取り込んでみてください。

▲千葉ロッテマリーンズのマスコット「リーンちゃん」を「千葉市イチゴ狩り大使」として一年の期限付きで任命（2015年）。リーンちゃんがもともと、好きな食べ物「いちご」、身長は「いちご30個分くらい」、趣味は「いちご狩り」とイチゴLOVEだったことをマリーンズのHPで知って要請。任命時に熊谷俊人市長（当時）とツーショット

【収支をもとに事業計画を立てる】

ビジネスマンなら当たり前ですが、社会経験の乏しい方や、売り上げなどを意識せずにできる仕事についている方だと、「事業計画」「収支」などと聞くと、「なんだか難しそうだな」「できなさそう」と感じる方も多くいると思います。何をかくそう、私も、自分のやっていることを「事業」だとか「収支」などと考えるタイプではないからよくわかります（笑）。

ですので、とてもシンプルな、観光振興の具体的施策を実施する時に使える、桜井流事業計画と収支の立て方をお伝えしたいと思います。

PROCESS 4

受け入れ態勢の構築

【事業計画】

・まず、何かをやりたい、こんなことをやりたいという思いつきベースでもいいので、「したい」ことを出す。次に、そのしたいことを「誰のために」するのかをしっかり思いめぐらせる。前述した、「木野さんちのおばあちゃん」（109ページ）のように具体的にイメージする。

・次に、それによって、そのサービス受給者（木野さんちのおばあちゃん）が、今がどうで、今後どう変わるか（よくなるか?）を「BEFORE」→「AFTER」で言葉で言えるようにしておく。または文字にしておく。（これが事業目的となります）

・では、なぜ、そうあってほしいのか？と考えたのか。（これは大袈裟に言えば「理念」です）

・そのためにどうしたらいいのか？（これは「事業そのもの」です）

・それをするためにどうしたらいいのか？（これは、「戦略、事業方針」です）

以上です。簡単ではないでしょうか？

【収支】

・「どこまでできたら満足か?」「いつになったらやめてもいいか?」を最初に考える。（それにより「事業全体の期間」が導き出せます）

・その間運営していくために、どれだけの人とお金やモノが必要か？

・それが必要なのは、いつか？（最初か、途中徐々にか？）

です。これを月単位や、年単位で数字を記載していきます。

これをやっていくと、「いつまでにどれだけお金がないと続けて行けないか」がわかります。その額をどう確保するか、商品やサービスの値付けに反映すればいいのです。

そして、最後に「木野さんちのおばあちゃんと同じような人を何人幸せにできるか」をイメージします。それが、サービス提供者一人あたりにかけるお金（コスト）となります。今までになかった新しい価値であれば、それは「やってよかった！やる意義があった」と言えるのではないでしょうか。

以上が基本的な考え方ですが、現実的には計画を作る時から「収支的にマイナス」ということが多々あると思います。そこをどう解消するか、はプロデューサーの腕の見せ所です。銀行など金融機関からの融資や、政府、行政、団体からの各種補助制度またはスタートアップ制度の活用などオーソドックスな資金調達の方法以外にも、次のようなことも考えられます。以下の動きを成功させるために共通していることは、事前にしっかりとした見返りとなるメリットを設定しておくことです。ぜひ、あらかじめ「何をメリットとしてお返しできるのか」をじっくり検討しお話しできるようにして、事業が開始してからも、都度、その約束を果たすように途中経過を報告するなどして良い関係を築いていってください。具体的には、

・出資を募る（ステークホルダーを増やし、出資を募る。そして彼らにもメリットを与える）
・サブ的な商品を作る（スポンサー広告など。買われやすい形のなにかを作り、広告効果でお返しする）
・協賛者を募る（直接的なステークホルダーではないけれど、似たような理念をもっているところに声をかけ、その後の事業がしやすくなるよう共存共栄を目指す。主にメディアや行政、団体など）

など、あの手この手で考え出したいものです。

■地元の役者をキャスティングした歴史寸劇活動

私が9年前に佐賀で作って、今現在も続いている活動に『幕末・維新　佐賀の八賢人おもてなし隊』があります。この活動は、当時佐賀観光協会の魅力発掘専門員として、佐賀の地域資源を発掘し観光資源として創出することをしていた時に、地元で、「演劇の力で地域貢献したい」と考えていた役者の青柳達也さんにお声をかけて設立したものです。設立後の2012年9月からは、佐賀城本丸歴史館で毎週日曜日に一日5回、史実を調べて作ったオリジナル脚本をも

とに歴史寸劇を上演し、その上演回数はすでに2000回を超え、8万人のお客さまに喜んでいただいております。こちらは、佐賀県から令和2年に、「佐賀さいこう！佐賀の魅力発信特別賞」を頂戴し、同賞の第一回受賞団体となるなど、広く県民の皆さんに喜んでいただき現在に至っています。私は、創設以来ずっとプロデューサーとして取り組んでいます。多くの人が「よく続いている」と驚いております。

では、これがなぜ続いているのか？ 様々な理由はあるのですが、ここは、「収支」と「事業計画」に関係する点のみお伝えします。

ポイントは3つです。

①ボランティアはしない、させない

②県や市からの直接の財政的援助は受けない

③受益者負担（観てくださった方が「よかった」と思ったら募金をお願いしている

このどれかが損なわれたら続いていません。

もちろん他に運営上の工夫は山のようにあるのですが、この3つが、強い信念で実施していることです。

この三点を最初に決めた理由をお伝えしましょう。

①ボランティアはしない、させない

ボランティアは基本「自由意思」という貴重なご本人の気持ちに基づくものですから、それを最初から「あてにする」こと自体が不遜だと思っています。ですから、自分たちのできる範囲でできるだけのサービスをする、ということが大事で、そんな「欠乏状態」の中からしか新たな知恵や工夫は生まれないのだと私は実感を通して強く思っています。そうして、そんな中で考えだしたアイディアこそ、一度成功したら、今後多くの同様の「欠乏状態」の方を助ける新たな手段になると思います。ですから安易にボランティアを頼むのではなく、自分たちで「工夫・改善して」やってみる。これが大切です。また一方で、反対に、私たちが「ボランティア」として物事を頼まれる際に、上演にかかる実費も出ない場合は、前述の理由でお断りせざるを得ません。

②県や市からの直接の財政的援助は受けない

イベントへの出演などは別ですが、毎週日曜日に実施しているこの活動に対しては、行政から直接的な金銭的援助を受けていません。ただ、佐賀市が実施している「市民活動応援制度」といって、市民が投票権をもって、「佐賀市のためにがんばっている市民活動団体の中から選んで投票し、その投票数によって、補助金が支給される」という制度はエントリーして補助金をありがたく使わせていただいたことがあります（全体予算の10％前後です）。これは、この制度の主旨を考えると、純粋に市の思惑からの補助ではないことがうかがえますので、例外です。すでに、なんらかの地域活性・観光振興の活動をされている方はよくおわかりでしょうが、

「金の切れ目が縁の切れ目。活動が終わる時」という例が大半ですので、最初から行政の金銭的補助は見込まずに収支計画と事業計画をたてています。また、2012年の9月に本丸での上演を立ち上げた時にのみ、活動開始資金として、佐賀県の制度に応募して30万円をいただいております（佐賀県さんに感謝!!）。手前勝手ですが、この制度の主旨としては、当然「立上げ時にのみ補助します」ということでしたので、9年も続いているということで同制度の大きな成功例になっているのではと推測しています。

③受益者負担（観た人が「よかった」と思ったら募金をお願いする）

運営経費の大半はこの「募金」によりまかなっています。この「募金」制度にしたのは、我々の上演の質に最も密接に関係あるのが、実際に観に来てくれた人が投じる「募金」の額だと思いますので、いやがおうにも役者、スタッフはがんばります。そういうモチベーション向上システムにしているのが特徴です。

なお、開始時には、次のことも決めて、現在まで実行しています。

■地道にコツコツと、毎週日曜日に「一回たりとも」上演中止にしない→ブランド化

■財務・会計担当者を置いて、四半期に一回くらいの収支進捗を管理し、問題があれば早めに軌道修正できる体制を整えている

■活動継続は半年単位で決定

PROCESS 4

受け入れ態勢の構築

■地道にコツコツと

これまでやってきて、様々なオファーがありましたが、冷静に対応し、隊にとってプラスになるかどうかを考えて、受けたり、お断りしています。もっともやりたくないのは、（多少の味付けならかまわないのですが）、史実ではありえないとわかった上でエピソードをこしらえて寸劇の物語を考えることです。これをやった段階で我々のやってきたコンセプトが崩壊するからです。また、「土曜日もやれれば」などと意見が出る時もありますが、ひとつの到達イメージとしては「佐賀に行くなら日曜日」という強味をずっと維持し、認知されたいと思っていますので、役者のローテーションやスタッフの負荷なども考え、日曜日のみに限定してきました。

■軌道修正できる体制

行政から依頼を受けやすくするように、母体で私が2012年に立ち上げた「魅力発掘プロデュース協会」を法人化して、「一般社団法人」としました。この段階で私は会長を退き、最も信頼のおける地元のパートナー（40ページで紹介した中本英一さん）に理事長に就いてもらっています。その後、会計士にも会計を見てもらいつつ、収支の部分の担当も強化し、今にいたっています。毎回のアンケートをもとに分析し、様々なナレッジを積み重ねて随時マイナーチェンジをしています。最近はコロナのために、客がコロナ前より40％減りましたので、事業継続ができるか心配していましたが、その減った分を国のコロナ関連補助制度で賄うことができ、ほっとしている段階です。

■活動継続は半年単位で決定

半年を区切りとして、年2回（9月、3月）のタイミングで、次の半年も継続するかどうかを皆で確認してきました。まさに「終わりを決めて」始めています。「観客が減ったら、資金がなくなるため、それで終わる」というシンプルな形に設定しました。「市場に受け入れられないものは去る」ことが正しいあり方だと思ったからです。期限を半年と決めたのは、会場の佐賀城本丸歴史館の使用許可が半年単位だったから。結果的に、この「半年区切り」はいいことづくめです。本音では永久に継続したいロングランですが、半年後の継続可否を決めるのは、お客様ですから、自己満足に陥ることなく、一回一回真剣にお客様の満足度を高めるため、全力で取り組む。そして「継続」を勝ち取る、という風土が醸成されました。

【「やらされ感」を持たれたら水の泡】

これは、最も難しい課題の1つかもしれません。なぜなら、これはずばり「人」の問題で、言いかえれば、「人はいかに自己欲求を満たすか」という哲学的な問題がその底に横たわっていそうだからです。人間が生産活動を複数の人たちと協力しながらやっていくと必ず発生する問題ですし、これは、マネジメントの問題だからです。

マネジメントこそ、一筋縄でいかないことは、管理職やリーダー、監督やキャプテンをされたことがある方はおわかりだと思います。このマネジメントの問題は、専門家による無数の本が出されていますので、ここでは、例によって、私の実体験のみお伝えしたいと思います。自分ごときが大層ぶってここに書けることはありません。ですので、事実ベースとしてのみ書き記します。3つの例とも、ご本人の意欲と持ち味が活かされたと思います。

PROCESS 4

受け入れ態勢の構築

■ツアーが終えてうれし涙を見せたアルバイト大学生

まちあるきのガイドをしていた時に、ガイドのアシスタントが必要となって、隣の組織からアルバイトのできる大学生のI君を紹介してもらいました。私は、I君とは面識がなかったのですが、名前と顔は知ってました。そう、彼は、そのまちの有名人だったのです。さまざまな地域おこしをしているネットワークや、社団法人、市の外郭団体などで彼はつと「つかえる」アルバイト生として、重宝されていたため、さまざまな地域活性イベント会場でよく見かけていたからです。アルバイトをお願いするため初めてお会いしましたが、評判どおりの好青年。

前向きで、地域のために働きたいという強い意志を感じました。きくと、彼は隣りの県の出身で、ご縁があって、ここの大学に入学し、そして、このまちのためになにかできないかと思い、けして時給がいいとはいえないのですが、これらの「地域のためになると思う」アルバイトを志願してくれていたのでした。

そして、まちあるきが始まりました。彼は、自分の受け持ちをしっかりこなしてくれて、おかげで、そのまちあるきツアーは、大変好評でした。私は、自分たちの成果を自分たち自身が把握することはとても大切なことだと考えていますから、そのツアーのあとは、いつも事務所にひきかえしてから、参加者のアンケートを皆の前で読み上げ、そして、満足率を計算して、満足率は○%でした、と共有し、みなで拍手して終わることを日課としていました。

そうしたある日、I君がこの担当をしてくれて3回目くらいの時だったと思います。ツアー

▲「佐賀が好きになった」「背筋がぞっとすることが三度あった」「商店街でもらった猫のクッキーが美味しかった」「50年住んでいるのに知らないことばかり」などなど。アンケートの参加者の声は関係者全員で共有する

が終わって、夜道を彼と共に事務所に歩いて帰ってきた時に、彼がふと言ったのです。「桜井さん、僕、本当にこのアルバイトしてよかったです。ほんとうれしいです」

見ると、I君が涙を流しています。私はちょっとうろたえてしまい、明るい調子で、「なに言ってんだい、あらたまって。どうした?」と聞いたんですね。すると、彼はこう続けたのでした。「ぼく、今まで、いろんな地域おこしのバイトをしてきました。けど、こんなことはなかった」と。それは、毎回、ツアーの前に、今日の参加予定者のプロフィール、今日ならではのニュース、そして注意事項の伝達などを、ミーティングして、それらを通して、参加者の満足度を100%にしようと、みなで作戦を練っていたのです。そして、ツアーが終わったら、今度は、参加者のアンケートに書かれたことをみなで5分ほどかけて読み上げ、反省。満足率が100%の時は、拍手喝采でお互いの健闘をたたえて終了する、ということをしていただけなのです。「でも、そういうことは今までどのバイトでもやってませんでした」とI君。今までは、どこでも「あれしてこれして」だけで、いわゆる〈手足〉のように使われて、時間がきたら、「帰っていいよ。明日もよろしく」だけだったそうなのです。そのI君が、「このツアーは、僕が役に立っていることがすごくわかる。お客さんの声でわかる。そして、みなで決めた目標が達成する。しみじみうれしいです」というのです。

私は、きいているうちに「なるほどね〜」とうなずけましたが、一方で、なにか、とても残念な気持ちになりました。こんないい若者が、今までずっとそんな風に扱われてきたのかという気持ちです。

地元の大学生などをアルバイトでお願いすることはよくあることです。しかし、それを「単なる人手」と考えるか、それとも「ともに目標に向かう仲間」として向き合うかでまったく違うんですね。

彼の涙は、私にそのことを雄弁に教えてくれました。

■会ったその日の晩に号泣したアルバイト編集者

もうひとつ私を驚かせた「涙」にまつわるエピソードにおつきあいください。私は前職のリクルートで旅行情報誌をはじめ複数の編集部に所属していましたが、ある編集部に異動した初日の夜の、痛烈な印象をもったできごとです。

その編集部は、アルバイトで編集職を雇用して、責任ある仕事を任せていました。実際の仕事の上では、正社員かアルバイトかなどの雇用形態上の違いがほとんどないのが、当時のリクルートの特徴でして、その編集部に異動した日に会ったそのスタッフもまさにばりばり働くアルバイトでした。実は、前任者となる方から、事前情報として、彼女の勤務状況なども聞いており、ずいぶんと激しくて癖もあるなぁ、と先入観をもってしまっていました。

ところが、異動当日の晩に、みなでちょっと飲みましょうと、私の歓迎の意味もあり、近所

PROCESS 4

受け入れ態勢の構築

の居酒屋に行った時のことです。彼女の今の仕事に対する不満などが堰を切ったように噴出したのです。ですがそれらのひとつひとつを聞いていると、すべてが「もっとこうしたい。そのほうが読者によいはずだ。けれど、それがとめられている」という仕事上のルールというか、それまでの編集部の方針に対する不満だったのです。そして、実は、私の考えとしては、その彼女の言い分がよくわかり、いや、それどころか、大賛成だったのです。私は、「うん。よくわかる。その通り！　そうしようよ」というような言葉を、彼女が何かを訴えるたびに返していたのです。これは、私がなにも、相手の気をひこうという思惑があったり、おもねるような気持ちがあったわけではまったくなく、不思議なくらい、彼女が言っていることがわかり、大賛成だったのです。彼女も不思議に思ったのではないでしょうか？「今まで、それでいい、と言ってもらえたことはなく、いつもだめだしをされていたんです。なんだか、うれしいです」と素直に言ってくれて、いつのまにか、最後は真夜中まで二人で残って飲んでいました。最後の頃は、彼女はぼろぼろと号泣していました。

驚いたのは、その翌朝です。彼女がにこにこと、まるで、「スキップでもしているかのように」楽しい歩調で出社してきたのです。私はまだ彼女の性格はわからなかったのですが、職場のメンバーが出社してきた彼女の様子をみて、いちように顔を見合わせていたことをよーく覚えています。それによって編集部も風通しがよくなったと、メンバーの一人が後に打ちあけてくれました。それから彼女は、まるで今までと別人のように朗らかになり、仕事上で大きな成果をあげ、やがて退社、独立して、その分野で活躍しています。

■まかせてくれて驚いたと語った新人編集者

どうも、前述の2名ともに、アルバイトという共通点がありますが、私が今まで何らかの形で観光振興による地域活性に携わってきた経験でいうと、大学生をはじめとするそのまちの若者、そして、アルバイトの若い意欲のある人こそが、その土地の宝なのでは、と感じざるをえません。なぜなら、それは、「純粋に」そのまちの良さを発掘して、地元に貢献したいという方に実際多く出会ったからです。そして、なぜ、ここでそれを指摘しているかというと、残念ながら、彼らがぞんざいに扱われていると感じているからなのです。

最後に、これは私にとって驚くべきことだったのですが、後に超有名な編集者となるアルバイト編集者がいたことをあげましょう。これは、彼女自身がその著書で書いていますから、名前を出させていただきます。元九州じゃらん編集部から、メディアファクトリーにうつり、「コミックエッセイ」ジャンルを立ち上げ、『ダーリンは外国人』他数々のヒット作を生み出し、さらにKADOKAWAで、『レタスクラブ』の編集長をつとめ、同誌の売り上げ部数をV字回復したということで、マスコミで数多く紹介された松田紀子さん（現：㈱ファンベースカンパニー）のことです。

PROCESS4

受け入れ態勢の構築

彼女が初めて出した自伝的啓発本『悩んでも10秒』に紹介されている「リクルートで最初の上司（編集長）」と書いているのは恥ずかしながら、実は私のことなのです。

彼女が書いているところの要点を記します。

私が入社して間もない頃、私が提出するゲラを一読するや、編集長から冷ややかに言われたことがありました。

「どっかから取ってきたようなピーアールみたいな文章読まされたって、つまらない。もっと松田の言葉で書かないと」

言っている意味がよく理解できませんでした。なぜなら、取材先が「こう載せてほしい」と希望する通りの内容をきれいに整えるのが編集の仕事なのだと、その頃の私は思っていたからです。

「編集っていうのは、自分が〝面白い〟と心底思ったことを第一に、わかりやすく伝えるのが仕事なんだぞ」

編集長の言葉は目からウロコで、思わずこんな言葉が口をついて出ました。

「本当に、私が面白いと思ったことを書いて、それが印刷されていいんですか……?」

この私のリアクションに、編集長は「こいつ、マジで基礎から教えないとダメだ」と思ったのでしょう。懇々と「編集とは」と説明をしてくださいました。

そして、同書は、私が当時彼女に伝えたことが記されていましたが、今私はそれと同じことを本書で読者の皆さんにお伝えしているつもりです。地域の魅力発掘プロデュースとは、地域資源を「編集する」ことに他ならないからです。

同書の該当部分のポイントのみ続けます。

「リクルートでの3年間で叩き込まれた、編集の基礎」（『悩んでも10秒』P107より抜粋）

私が面白いと感じることを、そのまま伝える。

誰かに言われる通りにやるのではなく、〝主観で仕事をする〟というスタンスへ。

この切り替えは、とても大きなターニングポイントになりました。以来私は取材先で「面白いこと探し」を真剣にやり始めました。

（中略）

編集長の口癖は「〝笑いと驚き〟のある記事を作れ」。例えば、黒川温泉など名湯の宿を取り上げる時、フツーに取材しただけでは、すでに見聞きしたことがあるような情報しか載せられません。でも、ちょっと視点を変えるだけで、意外なほどに新鮮な切り口が生まれるものなんです。

取材の報告をするたび、編集長が私たち部員を質問攻めにしていたのは、〝笑いと驚き〟

を発掘しようとしていたからなのでしょう。

「黒川温泉についてまず何を食べた？」

「えーっと、たしかソフトクリーム食べました」

「ほう、どうだった？」

「すっごく美味しかったです！地元の牛乳をたっぷり使った、そこでしか食べられないソフトクリームで・・・・」

「それだ！載せるならそっちのほうがダンゼン新しい！写真撮ってきたか？」

「！！」

そんなやりとりから、「黒川温泉の絶品ソフトクリームを食べにいく旅」といった斬新な特集が次々と誕生していきました。

黒川と言えば100人が100人温泉を訪れます。それを、ソフトクリームネタに変えてしまうのですから。

ネタは細部に宿る。しかも、宿のご主人が「こんなのうちらにとっちゃ何てことないことだけど、そんなに面白いか？」と首をかしげるような、〝未開の魅力〟を発掘するのがたまらない。思い切り主観に依った企画を立てる面白さを、私はジワジワと覚えていきました。


「主観で勝負せよ！」（『悩んでも10秒』P110より抜粋）

いかがでしょうか？　この「魅力を発掘する」そして、それは「主観から始める」ということを大原則として考えてきており、私は当時も今も自分の仕事の背骨として活かしています。いみじくも松田さんが書いているように、「主観を活かす」ことこそが、スタッフの「やらされ感」をなくすことにつながっており、そのスタッフを育成することにつながると感じています。こうして、観光振興の担い手が継承されていくことが大切かと思います。

松田さんとのやりとりの中でも見られるのですが、私は、編集長として、編集者と話す時にひとつだけ注意していたことがありました。それは、取材の報告をききたい時に、「●●は○○だったか？」という聞き方はせずに、「どうだった？」と聞くことです。

この「どうだった？」という聞き方は漠然としすぎているぶん、編集者が最も感じたことが出やすい。たとえば先の松田さんの例も、「黒川の温泉はどの温泉がよかった？」的な聞き方では、彼女の本心は引き出せなかったと思います。この「どうだった？」に対する答えで、その人の真の興味や嗜好性などを取り込み主体性を養うスタイルは、まだ私が20代前半に取材記者をしていた頃に培ったやり方です。私も多くの先輩達にそう育てられたのだと思います。

PROCESS

5 ▶ ブラッシュアップ

LiVE 佐賀新聞ライフ 暮らす・彩る 2011年7月13日(水) 24面 25面 特集・シニア

かっぱ伝説「ひょうすべ」の謎に迫る

16日から、松原川をそぞろ歩き

江戸時代から佐賀城下に残る伝説によると、松原川にはかっぱの総大将「兵主部《ひょうすべ》」が棲んでいた。「ひょうすべ」の力は巨大で、九州一円からかっぱが佐賀に集結、次々に仲間入りした。季節の変わり目には「ひゅーひゅー」と口笛のような音を立てるので、村人たちは「かっぱが人をおびき出して食おうとしているから、外に出ては駄目」と子どもをいさめた。鳴き声は「大きく聞こえたらかっぱは遠くに、小さく聞こえたら近くにいる」ともいわれてきた。

人を川に引きずり込んで命を奪う恐ろしい「ひょうすべ」一味。犠牲者があと一人で1000人に達しようとした時、「ひょうすべ」は藩祖鍋島直茂公に捕らえられた。ところが、処刑直前、必死で命乞い。「助けてくれたら村人には悪さしない。私の木像を作ってください。そうしたら、これからは子どもたちを守ります」と誓った。直茂公が「ひょうすべ」を許し、木像を作らせると、松原川から水難事故はなくなった―と伝わる。

◇　◇　◇

実はこの伝説には盲点があった。「ひょうすべ」が悪さをしないと誓ったのは、村人だけ。佐賀城下以外から来たツアー客は約束の対象外だったのだ。佐賀城築城からちょうど400年を経た2011年夏、城下を流れる松原川に住むかっぱたちが長い眠りから目覚め、騒ぎ出す―。そんな設定でナイトウオークツアーは始まる。

仕掛け人は佐賀観光協会の魅力発掘プロデューサー・桜井篤さん。ツアーでは自らガイド役を務める。かっぱや化け猫騒動の跡に加え、商店街の店に立ち寄ったり、街に住み着いた猫との交流も。楽しくてちょっぴり怖い異色のツアーだ。

「なぜ、かっぱに『ひょうすべ』という名前がついたのか。なぜ、一般的なかっぱのように皿を頭に乗せた姿でないのか―」。昼間とは違った風景を眺めながら、ミステリアスなかっぱの謎を探ってみよう―。

文・藤生雄一郎
写真・小山 純

面につづく

佐賀のお城下ナイトウオークツアー　16日から9月24日までの土曜日（8月6日分は同5日）に実施。佐賀市中心街の龍造寺八幡神社から松原神社までの約1キロを散策する。出発は7、8月が午後7時、9月は同6時半。オリジナル手ぬぐいや「魔界地図」、商店街割引クーポン券のプレゼント付きで、参加費は中学生以上500円、小学生200円、未就学児は無料。希望者はツアー前日午後5時までに予約が必要。申し込みは佐賀観光協会、電話0952（20）2200へ。

地元新聞がツアーに同行取材。ツアーの最後にガイドによって語られる「河童のひょうすべ」の真説を紹介。筆者が言い伝えを疑ったことから解き明かされた真説を地元新聞がセンセーショナルに全面掲載で報じた（佐賀新聞）（P206）

PROCESS

5

ブラッシュアップ

• • •

次に、先にイメージしていた「ターゲット」像を主催者ら関係者と再検証し、合意を得ます。そして、そのターゲットだったら、こんなこともできるし、こうしたほうがいいかも、というブラッシュアップを実施します。この過程では、楽しみながらわくわくできたら、まずは成功です。必要があれば、ターゲットを少し変えたりとか、さらに絞り込むことも出てくるかもしれません。これらの作業をすべて「ブラッシュアップ」と呼びます。

このブラッシュアップが終えて初めて、地域資源は観光商品となります。このプロセスでは、ブラッシュアップに関する大事なポイントを、人の**三大欲求**と**四大要素**、そして、観光の**基本の三大スパイス**と**取材の仕方**、**仕上げの三大スパイス**にわけてご紹介しましょう。

また、最後に**3つの哲学的手法の取り入れ方**についても、事例とともにご説明していきます。

PROCESS 5

ブラッシュアップ

【三大欲求】

人間の三大欲求とは「食欲」「睡眠欲」「性欲」であると一般的には考えられており、私もそう考えています。

マズローの心理学でも欲求の分類はさまざまに行われていますが、私の分類は、至ってシンプルな原理に基づいています。欲求とは、本来人間が生きていく上で欠かせないもの、と捉えた上で、身体へ作用するものが「食べる」という行為。そして「疲れをとる＝眠る」という行為だと考えています。それ以外のすべての欲求は、根源をさかのぼっていくと、すべてが「性欲」に結びつくと考えています。いわば、「性欲」とは、「メンタル面すべてをカバーする生存欲」だと定義しています。

では、なぜわざわざ「性欲」などという、いささかどぎつい言葉をつかうのか？

それには2つの理由があります。

まずは、この本を読んでくださる方々の頭の中に強く印象つけたいから。どぎつい言葉のほうが、むき出しの欲求のありかを、受け取る側に人に気付かせる力が大きいと思うからです。

2つ目は、この大切な欲望が、ともすると気づかれずにスルーされてしまうケースを多く見てきたから。これは、どういうことかというと、いわゆる「本音」と「建て前」があって、普通、我々奥ゆかしい日本人は、このようなどぎつい言葉をあまり口に出しませんよね。そして、それが習慣になってしまって、本人自身がその存在に気づかないケースさえありそうなのです。これは、「性欲」がより高尚な（人前で言っても恥ずかしくない）形となった「成長欲」とか「社会貢献欲」とかいうきれいな言葉で上塗りされてしまっているからなのです。そうすると、魅力発掘プロデュースをする上ではマイナスでして、インタビューやモニタリングで聞いた企画担当者は、「そうなんだ〜。成長欲ね」と思って、その観点でばかりブラッシュアップしてしまうのです。

そうじゃないのです。

「成長欲」の根っこに「実は、●●ができるようになって、モテたい」とか、より原初的な欲求があることを知るか知らないかで、大きく企画の行方は変わってしまうのですから、ご注意が必要です。「成長欲」を満たそうと、ごてごてといろいろ加えることで、逆にその人には「刺さらなく」なってしまう。それがこの世界、日常茶飯事です。満たすべきは「性欲」なのです。

何かを集めたいという収集欲も、お金を儲けたいという金銭欲も、高い地位について人から賞賛されたいという出世欲も、きれいになりたいという変身欲も、すべては根底に「性欲」が横たわっていると考える。

「性欲」とは「生の充実」なのです。あえて言ってしまいましょう。見せかけで高尚な「学習欲」とか「勤労欲」なんてものにだまされてはいけません。いつも心に「性欲」を（笑）。

人間の欲求の根本と向き合う、魅力発掘プロデューサーであればこそ、とり澄ました欲求なんぞにだまされることなく、その奥にある、ジクジクと疼いている、人間の本能に目をむけていただきたいと痛切に感じています。

■「性欲」を見据えて企画をブラッシュアップする

性欲は種の継続を究極の目的においた「生存欲」とも言えます。つまり、「生きる」こと。生きる力を得ること、そして、生命を持続し継承すること、です。それは、「自分をもっと好きになること」「自己肯定感」という形で現れます。つまり、「自己の存在、自己の価値」をその「手ごたえ」として体感することをも意味します。

すべての「体験型コンテンツ」の魅力は、突きつめればこの「手ごたえ」を満たす一形態なのです。

具体的には、誰かがやっていることを「自分が」やりたい、という形に顕れます。卑近な例でいうと、「あるアイドルに魅せられている人」の行動をイメージするとわかりやすいです。

①知る　↓　②もっと知る　↓　③接触する　↓　④対象と一身になる

プロセスでいうとこうなりましょうか？　これを、たとえばある「歌謡曲」として上記の番号を当て込めましょう。

①知る……初めて聴き、心を動かされる

②もっと知る……その歌謡曲について調べる（歌手のことや、同じ歌手の別の曲などもチェックしたくなる。また、その曲をカバーしている別の歌手などの歌も聴きたくなる）

③接触する……歌手のファンクラブに入る。ファンレターを送る。ゆかりの場所を訪れる。聖地をめぐる。

④対象と一身になる……コスプレする。カラオケする。振付を覚える。

大体このように進行していくのは皆さんも想像できるでしょう。

ここで大事なのは、進行するにしたがって、どんどん、その「魅力」を感知する機能が、複数の身体器官に広がっていることです。

つまり、最初は「耳」（聴覚）で聞いていましたが、やがて、「眼」や「喉（声）」さらには、「身体」にまで広がっているのです。こうして身体中にその魅力が行きわたると、やがて、きわめつけは、「コスプレ」のような「同一化」になります。これは、「そういう人になりたい」というファン心理でよくあります。こうなると、もう一身同体。変身願望の実現に向かう。この①→④までは、自己の関与度がどんどん肥大していくプロセスとも言えましょう。

これを観光面で考えると、もうおわかりですね。いろいろな人が言っている「見る観光」か

ら「する観光へ」。とか、「もの」ではなく「こと」ということなのです。

観光の場合、「**①魅力を知る　↓　②もっと知る（ハマる）　↓　③自分がやる　↓　④そこに住む**」となるでしょうか。

これをたとえば、「萩焼」の器を例にとると、
①萩焼の器そのものに興味をもつ
②萩焼の歴史や、工房などを調べて好き度が高まる
③実際に作ってみる
④萩焼の職人になる
でしょうね。ご覧のとおり、どんどんと「萩焼」との関与度が高まってきています。魅力発掘プロデュースを進めるうえでぜひ覚えておいてほしい感覚です。

■生きていくうえで欠かせない「食欲」と「睡眠欲」を満たす

言わずもがなですが、「飲食」と「睡眠」は生存に欠かせません。そして生存に欠かせないことは、人の快感を誘引することが条件です。なぜなら生存に欠かせないことが「快感」の逆で、「苦痛」を伴うことであれば、人は生存するエネルギーを失うからです。

さて、いったんそう深く頭に刻んでいただければ、我々がやるべきことはシンプルにわかる

と思います。「快感」の量と質をあげてあげればいいのです。

飲食について

まず、そもそも「飲食」というジャンルをいかにご自分の商品企画に盛り込むか、いつもこれを意識していただきたいと思います。

よくある例としては、ものつくり体験。ものを作るということは、できたものを使う楽しみを生み出します。それが器だったりお箸だったりしたら、もうおわかりですよね。その完成した作品を使う機会（お料理や飲み物などを実際にそれを使って味わう）を時間内に設けるだけで、一層の感動を創出できます。

一方で、まったく飲食に関係ない魅力をブラッシュアップしている場合でも、この「食べ物・飲み物」という要素を加えることで思わぬ例になります。プロセス２（67ページ）で記した、「象鼻杯」体験はその典型です。また、まちあるきの最中になにかこういう飲食の紹介、さらには、お店での試食などを加えると満足度は大変あがります。

睡眠欲について

「睡眠欲」の概念を別の言葉を使って展開すると「癒し」「ほっこり」「休み」「寛ぐ」などをカバーしている欲求となります。

有名な例でいうと、あるビジネスホテルグループが、急成長を遂げてきたのですが、その人気の秘密は、「ベッド」でした。他のさまざまなファシリティに力を入れることもできるにはできたのでしょうが、そのホテルチェーンが特化したのは、ベッドの寝心地の良さでした。そうですよね。こういう「欲望」に直接刺さるものこそ、大きな効果を得られるのです。ですから、そこをはっきり認識しているかどうかは、実は成否を左右しかねません。

【四大要素】

旅行情報誌『じゃらん九州』では、記事別に「読者支持率」という評価をアンケート結果から把握して、数値化して、それを参考に誌面作りに活かしていました。毎号毎号これをやっていて、分析をしているうちにわかってきたことがあります。

それは、「観光コンテンツとして、人を惹きつけるテーマは4種類」だということです。この経験をもとに、その後、私は独立した今でも自分の関わる地域資源の観光資源化には必ずこの見方を導入してきています。

次がその4大テーマです。

Ⅰ 食

2 もの
3 体験
4 人

それぞれを少し解説しましょう

1 食について

先に述べた「三大欲求」のひとつで、「食欲」は最強の欲求だと読者データを見るたびに思います。

個人の属性に左右されることが少なく、いわゆるマス（大勢の人）を取り込む力が最も大きいテーマが「食」です。企画としては「とんがった」または「エッジが立った」「流行りの」テーマを狙いたくなるのが企画担当者の性ですが、より多くの方に関心をもってもらうには定番かもしれませんが「おいしい食べ物」かなと、思います。たとえばある時に韓国ソウルへの観光プランを作っていた時のことです。ターゲットが20代の女性だったので、当時はやりつつあった「韓国ならではの美容系、癒し系」のコンテンツの最新情報、お得情報をしっかり伝えるのと、単純に「韓国といえば焼肉」として、「焼肉だけを訴求」した時にどっちが同行者が増えるか？を調べました。

具体的には、

「今週末、ソウルに1泊2日で汗蒸幕《ハンジュンマク》をやってキレイになって帰ってこない?」

とお友達を誘うのと

「今週末、ソウルで、美味しい本場の焼肉を食べに行かない?」

と誘うのでは、どっちが参加する友人が多いか? です。

さて、あなたならどっちですか?

私が想定したターゲットに近い人たちに聞いた時の答えは、後者でした。つまり、「汗蒸幕<焼肉」。これは、私は実は、汗蒸幕のほうが人気なのではと想定していたのですが、そうではなかったのでよく覚えています。

そう、「食欲」は最強(笑)。ですから一見「食」に関係のないテーマの観光振興をしている時も、そこに「食」の要素を入れられないかな、と考えることはぜひしておきたいのです。

2 ものについて

「性欲」が形を変えて顕在化し、さらに、本人の「アイデンティティ」「自分らしさ」などをかすめて「観光の魅力因子」として定着している欲求が「物欲」と「所有欲」です。

具体的な行動としては、「買い物」です。いわゆる「ゲットすること」。それが価値です。

有名人のサインについて考えてみてください。なぜ、人は自分の好きなアイドルやスポーツ選手など「あこがれの人」のサインが欲しいのでしょうか? それは、その人に会えたことを「証」

として形に残しておきたいからです。それが、その人の宝物になるのです。では、なぜ、宝物が必要なのか？ それはその人がまさにその時を生きてきた「手ごたえ」を得たいからです。そう、はてしなくそのベクトルは「自分」に向かいます。その証拠に、サインには通常「●●さんへ」と名前を書いてもらいますよね。それが証拠。

マイカップ、マイジョッキ、さらには既存品を自分流にアレンジしたり飾りつけをする「カスタマイズ」など。人はどこまでも、ものに対して「所有＝自己反映」することで、手ごたえ、つまり生存の安心を確かめようとする生き物なのです。

3 体験について

いろいろな人が言います、「観光の主役は「もの」から「こと」へ」と。そう、体験は、「こと」なのですね。ひとつ注意したいのは、この「こと」とは、別に大層なことじゃないということです。逆にいうと、観光業界は昔からずっと、旅行会社主導で、「見てまわる」だけの団体旅行が中心だったから、それとは違った「個人」にフォーカスして、旅先での本人の欲求が満たされるようになって初めて「体験型観光」などと言っていますが、別に大したことではないのです。今までそれがやれていなかったこと、企画されていなかった期間が長かったため、業界が気づいた今、声高に言っているように思います。大変遅まきながら、やっと時代に追いついたということなのではないでしょうか。

ですから、ここのポイントは、程度の問題ではなくて、「ある」か「ない」かの問題、それだけです。体験することが観光中にあれば、それでよしです。けしてじっくり本格的に掘り下げる、というセッティングをしなくてもいいのです。

ここで、唐突ではありますが、質問です。

今世紀になって、日本中が注目した国民的経験を2つあげるとしたら、あなたは何をあげますか？　ただし、コロナ禍は除いて思い浮かべてください。

私は、2002年の日韓サッカーワールドカップ。そして2011年の東日本大震災です。

この2大出来事において、私は2002年は韓国に試合を見に行き、2011年の震災時には九州におり、様々な人脈を通して、救援物資を買い込み、被災地にお届けしました。

ここで私が言いたいこと。それは、この大きな2つの出来事に、自らがほんのちょっと「関わっていた」ということなのです。この「ほんのちょっと」関わる、ことが、いわゆる「プチ体験」に似ています。つまり、「関わらなかった」のと「ほんのちょっとだけど関わった」のとでは、その後の記憶、心持ちがまったく違うのです。

四大要素のうちの3つめ「体験」は、まさにこういう「関わらせてくれる」ことが本質です。

たとえば、器を作る工房に行くとします。次の3つの接し方があります。

1　見学および作品購入

2　ちょっと絵付けをさせてもらい、自分の器として購入

3 本格的にろくろを回し成型するところから自分の作品として完成させる

これらのうち、1と2の間の違いがとても大きく、2と3はレベルは違いますが、同じ「体験」です。つまり、四大要素だからといって、無理やり3にするのではなくて、1を2にする姿勢が必要です。なぜなら、「作りたい」のではなく「参加したい」の方が原初の欲望「性欲」に近いからです。「性欲」のひとつの「参加、帰属、能動」願望を満たせばいいですし、犬がマーキングするレベルで考えればいいと思います。犬はなぜマーキングをしているのか？ それは自分の存在を他の犬に知らしめるためです。旅先での「こと」は、マーキングだと思い出してほしいなと思います。それで基本的かつ最も強い願望は十分満たせられているはずです。

▲蕎麦打ちなど「食べ物作り」系は、職人の技をベースに、少しだけ自分でやって、職人技を味わえるお手軽で美味しい体験プランにアレンジできる

4 人について

最後が「人」なのですが、これには注意が必要です。なぜなら、地域資源を探し出す努力を

PROCESS 5

ブラッシュアップ

放棄した地域ほど「うちの魅力は「人」だね」と言うからです。何度聞いたことか。

そういう根拠もなく、勝手に思い込んでいる地域に、取材にいって、「そうか、人なんだ」と疑うことを知らずにそれだけ持ち帰ってくるスタッフが過去に多くいました。

「人」は大事。けれども、「うちの地域のうりは「人」」という地域には要注意なのです。では、この「人」を観光資源化するにはどうすればいいか?

それは、一概には言えませんが、その「人」そのものにフォーカスするのではなくて、その「人」の行い、作り上げたもの、歴史などにフォーカスするのです。つまりきわめてプラグマティックに、思い込みや印象を廃し、具体的な事実だけを客観的に取り込んでみて、それがすばらしかったら、初めて観光資源にすればいいのでは、と思っています。これは、けしてその人を貶めていることではありません。実際は、その方の笑顔がとても魅力的だったりしたら、それも十分な「魅力」なのです。また、言葉つきが優しかったら、それも訪れた人の記憶に残るでしょう。

しかし、表現が難しいのです。だからこそ客観的事実を探して伝えてください。

また、もうひとつの考え方。それは、その土地の「個人」にフォーカスするのではなくて、その土地の複数の人の共通している魅力を抽出する、というやり方もありです。さらには、シンボリックな歴史上の人物が残したものを見せることで、その土地の人物の代表として好印象をもってもらうこともできます。

「すれ違う子供たちが皆「こんにちは」とあいさつをして過ぎた」などは、子供一人にフォーカスしておらず、事実を基に共通点を魅力として抽出できそうです。

歴史的人物からその土地の「ひと」の魅力を代弁することもできます。

たとえば、甲斐の国（山梨県）といえば、武田信玄。地元では信玄公といわれ尊敬されていますが、その武田信玄の「領主としての優れた人間性」などがわかる具体的な史跡などを紹介するとよいのではと思います。たとえば川の氾濫を防止するために作った信玄堤などでしょうか。

また、山形県米沢市の米沢藩の名藩主上杉鷹山が、「トゲがあるため防犯にもなり、一方で非常食としても利用できる」として、領民の家の生垣に植えさせて今も残存する「うこぎ」の生垣などをご覧になれば、そのようなシンボリックな歴史上の人物や偉人などの魅力がその土地の精神的風土を代弁し、観光客の脳裏

▲山形県米沢市内には「うこぎの垣根」が今も残る。まちを歩くと、藩主・上杉鷹山の治世に対する考え方とその名君ぶりをありありと感じ、まちの印象を強める

に深く刻まれると思います。

【基本の三大スパイス】

ブラッシュアップをするにあたって、最も大切な基本を3つにわけて解説します。この基本を知っておくだけで、より魅力的な観光プランにブラッシュアップできます。

体験型観光プランをブラッシュアップするにあたり必要な3つのスパイスとは

1 「今だけ」
2 「ここだけ」
3 「あなただけ」

です。この3つの要素を武器として取り込むことです。順を追って説明します。

■スパイス① 「今だけ」

「時間による違い」をコンテンツの味方につけるということです。そして、この「時間」が特徴的なことは、「リピートしたくなる」ということです。さらに、時間の概念をもつことで、プランのバリエーションを生み出せます。さらに特定の時間を限定することで思いがけない魅力を創出することもできるのです。

時間を味方につける「今だけ」の活用

方向性	考え方	例
時間の長さ	短くする、長くすることで価値を増幅する	一時間以内、25分＊3回、ダイジェスト、ロングバージョン、24時間いつでも、●時間以上、延長サービス、時間短縮、コンパクト化　ゆったり
一日の特定時 または その日だけ	消費者の一日の動きを想定する、または、一日の特定時間帯にのみ発生する魅力を提供する	「早朝」「朝」「午前」「昼」「午後」「夕暮れ」「夜」、初日、最終日「●●時限定」「夜だけメニュー」「ハッピーアワー」「タイムサービス」「おやつ時」「帰宅時」「出勤時」「アフターディナー」「就寝前」「仕事を終えて」「夜明け前も夕暮れもダブルで楽しむ」
週単位	平日と休日の違いに注目する。週単位で適用すると価値が増幅しないか？	各曜日、土曜日、日曜日、週末、平日夜限定、祝日、連休、今週の●●、●●キャンペーンウィーク
月単位	月単位で適用すると価値が増幅しないか？	「毎月●日は●●の日」「今月の●●」「毎月第●曜日」「●●月間」「毎月●●名限定」
季節単位	季節が違うと、新たな価値が創出できないか検討する。その季節だけの魅力が発現しないか？ 増幅しないか？	春夏秋冬、初春、旬、「十五夜の晩だけ」、収穫、自然・景観の変化、季節外れ、今シーズン初、●●解禁、初物、シーズン最後の

PROCESS 5

ブラッシュアップ

年単位	意図的に今の時代、トレンドを取り込む。同じような内容でも、今年だからこその価値やトーンを付加する	今年ならでは、今年最強、年中無休、●周年記念、●回忌、各種年中行事、7年に一度の祭　トレンドもの（例：2021年バージョンはあまびえ様御守プレゼント）
特定機会	①既存に認知されている特定機会の活用 ②自ら特定機会を創出し活用（例：事業開始以来通算を記録しておき、様々な機会を捉えてピンポイントで特別な機会を創出する。）	①ハロウィン、ひなまつり、夏休み限定〜、初雪予報日、雨の日サービス ②通算●回目、通算●●人目、記念日プラン、本日のおすすめ、友達と来たら●●、じゃんけんで勝ったら、最後の一個
頻度	①複数以上の機会を勝ち得る。または「頻度」を武器にして新たな価値を生み出す ②（①とは逆に）希少価値性を謳う。「その一回」の重みをつける	①3回に1回、スタンプ、週2回、毎朝、定番、常連、ボトルキープ、同時に、一度で ②貴重な瞬間、年に2〜3度しかない、大変珍しい、通常はありえない、大変低い確率
経過	顧客の状態に着目し、徐々に進行していく魅力化を検証して「はじめもの」とか、「シリーズもの」「アドバンスもの」さらには「まとめ」ものなどに発展・かたち作る	MY　First●●、試食、お試し、プレ●●、初めての方割引、連泊割引、リピート客向け、レベルアップ、マスタープラン、毎週土曜日計10回、もっと知りたい人向け、中間、総集編、ダブルチャンス、ファイナル
人生単位	顧客の人生全体を見渡し、人生の中の通過儀礼的な瞬間にあわせて魅力を作り出す	初デート、定年退職記念、就職フェア、初孫、七五三、成人式、銀婚式、米寿、今年入学する予定の、初めての日本（来日）

たくさんありますね。右記それぞれの「考え方」を把握すれば、体験型観光プランなどのバリエーションがどんどん生まれ、そのたびに、新しい魅力が付加されます。ぜひ「時間」とい

う概念を自分のプランニング上の味方につけてください。

さて、突然ですが、皆さんは、インターネットで施設の「営業時間」を調べて行ったら閉まっていて、がっかりした、または予定が大きく狂って困ったということはないでしょうか？　私はあります。今この文を書いている本日の朝一にそういう憂き目にあいました。2か月に一回通院している病院に行ったのですが、病院はしまっており、張り紙が。「休院日が水曜→木曜になりました（2020年9月より）」。昨夜調べた医療系のまとめサイトには、しっかり水曜日休みと書いてあったので、昨日は時間があったのに行けなかったのです。

そういえば、つい1か月前も、ありました。違った病院です。こちらは、病院の前に看板で、治療時間が書いてあり朝9時〜と掲示されてました。出張を10時から控えていて一刻も争う事態だったので、朝8時45分には、寒空のもと、病院の前でまっていました。しかし、9時になってもあかない。あきらめて帰ってきて、あとで確認すると、コロナの関係で朝は10時からにしたのだそうです。

これらの話に私は昨今のサービス業の問題が顕在化していると思っています。便利になったインターネットですが、それを「更新する」ことにお店の責任者の意識が低い。さらに、後者の例でいうと、玄関にでかでかと古いままの営業時間を書いているにもかかわらず、従業員誰もが指摘しない、気が付かない。実は、このような、「情報の鮮度」に対する意識が年々さらに低下しているように感じているのです。これらの傾向には様々な要因が考えられますが、私

PROCESS 5

ブラッシュアップ

があげたいのは2点です。

1つめは、インターネットの普及により、情報の創出と発信が簡単になり、その分、世の中に情報があふれ、情報そのものの価値がデフレしてきていること。

2つめは、マンパワー不足。1つめの例が典型的ですが、一度掲載した情報を更新する手間がかけられなくなってきていること。

そして、このような「あってはならない」ことさえ、それほど注意が向けられないような「たるんだ」世界になっているのです。いわゆる「ゆる〜く」という言葉がポジティブに受け取られるような世の中になっているということです。つまり、今の日本がこれらのことに「開き直っている」状態なのです。そして、魅力発掘プロデューサーとしては、ストレス社会の反動により「きつきつせずに、ざっくりと」物事を捉えることが好まれていることに加えて、ざっくりとしてしか物事ができなくなっている点にも注意しないといけないと思っています。

たとえば、皆さんは以前に比べて「飲食店」で注文を間違えられることが増えてきたと感じたことはないでしょうか？　私はおおいにあります。今週だけでも2回間違えられました。そして面倒くさい（あきらめ）ので、そのまま出された物をいただきました。なぜか？　それは、言っても伝わらないと思ったからです。また、そのスタッフが忙しそうだったからです。これは少子高齢化および外国人スタッフが増えてきていることに起因しています。世の中がこのように変わってきているということは知っておきたいものです。

ここでこの事例を申し上げているのは、私が現代を批判したいからではありません。実は、これらはいずれも「時間」に基因する問題だということをお伝えしたいからです。私たちが日常的にそれらの「時間違い」を経験するのなら、まぁ、しようがないか。お店だったら、「あ、やってないのなら、別の店に行くか」で済むのですが、私たち生活者と旅行者が違う唯一の点、それは、「時間に対する意識が格段に違う」ことです。旅行者は一瞬一瞬にお金を払っています。時間をお金で買っているのです。これは、ぜひ客を迎え入れる人全員に深く心に刻んでおいてほしいものです。

本日は「●●●まちあるき」にお集まりいただきありがとうございました。本日のガイドをつとめる(●●●)と申します。
アシスタントA～C順次ごあいさつ
※一人ひとり挨拶しますが、「よろしくお願いします」とは言わないでください。最後にまとめてリーダーが号令をかけます(【理由】時間の短縮。一人ひとり礼をすると、観客から拍手をもらうこともあり、4回も手をたたかせるのはかわいそうなので)。
例)「○○大学の○年生○○です＋一言」くらいでOKです。
最後にリーダーが「という4名でご案内いたします。」
↑ここで拍手をもらいます。よろしくお願いします！

▲限られた時間でいかに中味の濃い案内ができるか？ 上記は著者がしかけたあるまちあるきツアーのシナリオの「あいさつ」部分の抜粋。拍手を複数回されることを想定して、時間短縮とお客への配慮から事前防止を図っている

限られた時間にたくさん楽しみたくてはるばる来てくれたお客さまに、まるで地元の方との日常的な対応と同じように「ゆる～く」対応していたらいけないのです。聞き手の「時間」を考えずに自分のしゃべりたいことをしゃべって、相手にとっての旅先での貴重な時間を奪って

はいけないのです。

価値の向上を考えるにあたり、有効な手段のひとつとしては「不満の「不」を解消して満足させる」ことです。この「限られた機会」「限られた時間」でどれだけサービスや商品の価値を提供するか、に実は顧客の満足度をぐんとアップする背景があることを覚えておいてください。

■いつでも「特別な時」にできる魔法の言葉

さて、ひとつ簡単で楽しいテクニックをご紹介します。お客さまにお会いした時に、最初に言ってしまうと効果的な次の言葉です。

「お客様、いい日にいらっしゃいました。なぜなら今日は●●●だからです」

すでにお伝えしている通り、観光客にとってはその時そこを訪れたことは千載一遇、一期一会なわけです。なんとか休みをとって、時間を調整して、やっと来れたという背景があるかもしれません。その思いを尊ぶ意味で、お出迎えの時になにかしら、ポジティブなことをお伝えするのです。たとえば、

「いい日にいらっしゃいました。今日は天気がいいので●●が見えますよ」

「いい日にいらっしゃいました。実は本日から●●の公開が始まっているのです」

「いい日にいらっしゃいました。実は本日は特に評判の高い●●を食べられます」
「いい日にいらっしゃいました。偶然ですが今日は●●が２００年前に始まった日なんです」

などなど。嘘ではいけませんが、なにかしらいいことを見つけてお伝えしてください。

どうしても見当たらないのであれば、「今日はいい日にいらっしゃいました。私ガイドの●●は昨夜ぐっすり眠ったから、今日はすこぶる元気です。元気に楽しくご案内しましょう！」など、超プライベートな事情さえもメリットにしてしまってもいいと思います。

「今だけ」の事例は枚挙にいとまありませんが、情報の鮮度は、いまや、公式のインターネット情報よりもクチコミ、です。しかも、ストック情報よりもフロー情報、なのです。

ですので、この2点を意識して効果を上げた事例を1つだけ紹介します。

■参加者の約半数が、ツアー後にお店へ行った理由

ある「まちあるき」の企画を主催し、自らがガイドを務めたツアーの話です。そのツアーはナイトウォークツアーで、終えた後に、そのエリアの飲食店で楽しんでいただこうという意図がありました。具体的には、事前に協力店を募集して、全部で9軒のお店を当日お配りするルートＭＡＰの裏面に「アフターツアーのおもてなし店」として、お店の特徴含め記しておきまし

た。そして、まちあるきで私が通りを歩きながら、そのお店の前や、そのお店が見えるところに来ると、ガイドとして、お客さまに伝えるのです。「あそこに見えるお店は、この町でも特にお刺身が美味しくて有名です。今日昼過ぎに会った時にご主人が、『今日はこの海の名物●●のいいのが入った』と言っていました。お手元のチラシには、今晩限定の割引クーポンもありますので、ぜひご活用ください」と。

そして、その結果、全体の約半数にのぼる47％のお客さまが、ツアー後に、掲載されていた9軒のお店のいずれかに行ったことが、後に、クーポンを回収していてわかったのです。

この企画は全部で13晩実施しまして、すべて私がガイドをしたので、お客さまそれぞれの反応も、実際のクーポン使用結果に加えて、つぶさに観察していたのでわかっています。このほぼ二人に一人がおすすめのお店にその日のうちに行っていたという好成績につながった理由のひとつが「その日ならではの、とっておきの情報を直接ガイドさんからクチコミとして聞けた」ということなのです。

これは、先に申し上げましたとおり、

・インターネット∧クチコミ

・ストック情報∧フロー情報

この2点を実践した結果です。

ちなみに、これを実現するために私はツアー開始の3時間ほど前に、自転車ですべてのお店をまわり、御挨拶して、そこで次の情報を交換したことです。

■私からお店の人には「参加者の人数と、参加単位（家族、仲間など）＋居住地」

■お店の人から私には「その日のおすすめとその理由。お客さまへメッセージ（あれば）」

　これを13日間欠かさずやりました。

「今だけ」の基本スパイスの元である、「時間」を武器にすれば、これだけの効果を生み出せます。通常のクーポンをつけただけでは、この好結果にはつながらなかったでしょう。

■スパイス②「ここだけ」

▲お得感を「特別感」にまで高めた「今夜だけ」クーポン。ツアーの後に、参加客がその日の土地のおいしいものを食べられる機会を生み出す。47%の利用実績

基本のスパイスの2つ目は「ここだけ」です。

この「ここだけ」には、2つの違った軸があります。

ひとつは「ここだけ」。そしてもう1つは、ちょっと似ているのですが、「ここでは」です。どちらもポイントは、「差別化」です。「ここだけ」は、その場所ならではの地域文化が生んだ物事の活用です。一方で「ここでは」は、「ある程度知名度のあるテーマやアイテム」に則った上で、その地方ならではの特徴があるものを発掘して活用する、というスタイルで、参加者は、「(各々の) 地元とその土地でのテーマやアイテムの違いを楽しめるかどうか」が鍵となります。

「ここだけ」と「ここでは」では、魅力発掘プロデュースのアプローチがそれぞれ違う特徴がありますので区別して具体例を見ていきましょう。

空間を味方につける「ここだけ」の活用

方向性	考え方	例
ここだけ	その場所ならではのオンリーワン。地域文化が生んだ物事の活用 **キーワードは「地元密着感」と「本物感」**	・有名なお酒の銘柄で、その蔵元でしか売っていない特別仕様のお酒 ・各地域のお祭り（東北三大祭りや、四国の「阿波踊り」「よさこい」） ・有名ブランドの本店だけでしか買えないアイテム

ここでは	ある程度の知名度があるテーマやアイテムを、その地方ならではの特徴あるものとして発掘し活用 **キーワードは「細分化」と「差別化」**	・お味噌汁などの具材として、特別なその土地の産物を入れているケース ・「麺」などでその土地ならではの調理法のもの（例：富士宮やきそば、勝浦担担麺） ・神社の鳥居や狛犬で、その土地だけのスタイル（例：肥前鳥居、肥前狛犬） ・会合などの最後をしめくくる「しめ」のスタイル（例：博多一本締め、千葉締め、仙台締め、名古屋締め）

「ここだけ」の価値の強め方

基本は、ある地域資源に着目したら、その起源や歴史を深く知ることです。つまり「本質」を究めることです。そして、うんちくを把握し、先に紹介した「四大要素」の各ジャンルに敷《ふ》衍《えん》させることです。その「本場」ならではの圧倒的な蓄積で他の地域にまねされないことです。

●忍者の里として名高い伊賀の場合。忍者の起源や歴史をしっかり紐解き、忍者の本質を「隠れること」と捉え、それをグルメに活かした「忍者丼」「忍者カレーうどん」など

●牡蠣で有名な広島だからこそ、牡蠣のうまさを熟知している地元企業ヤマトフーズ㈱が瀬戸内のレモンを原料に作った、焼き牡蠣にあうご当地調味料「レモスコ」

●全国屈指の水揚げを誇る銚子市。魚にあうオリジナルレシピで開発した「銚子ビール」

ほかにも、博多ラーメンの「替え玉」などは、その土地ならではのものだったのでしょうが、

PROCESS 5
ブラッシュアップ

今では、全国に普及してしまい、「博多に行って替え玉を頼むのが夢」という人は見かけないようになったのではないでしょうか？ ですから、博多では、替え玉を頼むこと＋αを新たに創出しないと、本場としてのステイタスが危ぶまれるのではないかと思います。

同様に高知の「よさこい踊り」などは、日本全国で「よさこい踊り＋そーらん節」をセットにした踊りが踊られるようになりました。こちらは、それらとの違いを感じられ、「やっぱり本場はいいなぁ」と思わせる何かが必要になるのかもしれません。

「ここでは」の価値の強め方

基本的な考え方は、細分化と差別化です。一見同じものと見える2つのものの違いをどう訴求するか、にかかってきます。

良い例としては、スナック類などのいわゆる「ご当地味」シリーズなど。それらはその土地

▲「魚料理にあう」というありそうでなかったコンセプトで作った、日本屈指の漁港のまち・銚子の「銚子ビール」（銚子チアーズ株式会社）

の消費者の味にあわせた結果、味わいが地域によって変わっているものも多く、特にPRしていない商品も多く眠っているはずです。たとえば、同じ商品でも、東日本と西日本では、味付けを変えて販売しているような食品もあります。そのようにすでにある商品を「ここでは」を訴求ポイントとして意識し直すだけでPR効果が高まることもあります。

また、細分化においては、極端な話、「家庭の味」は、それぞれの家単位で味が違うわけですから、細分化し尽くされているものだと言えます。カレー、味噌汁などは最たるものでしょう。また、沖縄県名物の「沖縄そば」は、沖縄本島と八重山（石垣島など）では、味わい、味付けが違います。それを「沖縄そば」の名前で打ち出すのではなくて、しっかり「沖縄そば」「八重山そば」と細分化して打ち出すことのほうが「ここでは」の価値の出し方として優れていると思います。漠然と、「沖縄そば」と言えば本土の人に響くだろう、と考えるにとどまるか、それとも、「沖縄の中でもここでは本島と味付けが違うので「八重山そば」と言い、また独特です」として、より局地的な魅力を訴求して、本土はもとより、沖縄本島から足を延ばしてくる人にも今一度訴求するのとでは効果も違ってくると思います。

■スパイス③「あなただけ」

3つの基本のスパイス、最後のひとつは「あなただけ」。上手に訴求できれば、お客さまの

PROCESS 5

ブラッシュアップ

心を仕留める破壊的な武器になるのがこの「あなただけ」です。これがどれだけ心に響くかは、ここで記さなくても皆さん実感があるかと思います。単純に月並みで既存のものを提供いただくよりは、なにかしら自分だけのサービスがあったほうがうれしいですよね。団体旅行ではなく個人旅行に、そして、レディメイドからオーダーメイドに人気が移ってきているトレンドと同じ流れでしょう。

しかし、ここで注意しないといけないのは、団体に向けて定型的なサービスをしていた場合は、個人向けにするとたんに、「時間」と「コスト」がかかってしまう傾向にあるということです。つまり、「あなただけ」を実現するには、「言うは易し、行うは難し」なのです。

「あなただけ」を訴求するには、本格的なものから、ちょっとした工夫で訴求するものまで手法と手間ひまのかけ具合は大きく違います。ここでは、私が見つけた簡単な「あなただけ」(プライベート感の訴求)をいくつか、導入しやすいものからお伝えしましょう。

〈初級編〉負担は軽め、またはほぼ無し

① 情報を発信する際に、相手の名前を記す、相手の名前を呼ぶ

② 情報を発信する際に、同じことでも個別にお伝えする

③ 情報を発信する際に、共通の内容でも、一言だけ添える

〈中級編〉やや負担はあるが、効果もそれなりに出る

④（ものつくりなどで）9割方は主催者がやって最後のワンポイントだけ客に体験させる

⑤客が選択できるフェーズをひとつ作っておく

〈上級編〉準備は大変だが、効果はプチ感動レベル

⑥バリエーションをそろえる

⑦ニーズを探り誘導する装置を置く

〈至福編〉準備はとても大変、でも感動も効果もケタ違い

⑧ひとりひとりにあわせて魅力を創出する

順に説明します。

〈初級編〉

①情報を発信する際に、相手の名前を記す、相手の名前を呼ぶ

最も簡単で多くのサービス業がすでに採り入れています。お客さまの名前を事前に覚えて、お話しかけする際や、情報を発信する際にお名前を呼びかけるのです。単に「お客さま」と言

われるより「山田さま」と話しかけられたほうが大切に扱われているように思えるからです。

②情報を発信する際に、同じことでも個別にお伝えする

同じことを言うにしても、他の方がいない時にマンツーマンでのほうが心に響くことは沢山あるのではないでしょうか? 会社勤めなどされている方は、個人面談のシーンを思い浮かべていただければよろしいかと思います。仮に皆に同じことを伝えていても、個別にお話しするシチュエーションがあれば、訴求力は増大しますね。(手間と時間はかかってしまいます)。

③情報を発信する際に、共通の内容でも、一言だけ添える

一人ひとりをしっかり認識しているからこそできることです。たとえば、年賀状などがそうではないでしょうか? 基本的なフォームは印刷しておいて、そこに手書きで一言だけそえる。それで、ぐんとありがたみや親近感がアップした経験を多くの人がお持ちだと思います。

〈中級編〉

④(ものつくりなどで) 9割方は主催者がやって最後のワンポイントだけ客に体験させる

ものつくり系の体験プランでは多く採り入れられているのがこのスタイルです。大変なところはプロがやってくれるけど、一番の決めて部分は自分の個性・オリジナリティを発揮できるというスタイルです。テープカットやだるまの目入れなどに似ているかもしれませんね。

⑤客が選択できるフェーズをひとつ作っておく

同じ型のものですが、色違いは複数用意して、ご本人の好きな色を選んでもらうなど。アパレル量販店の得意技ですね。複数の色が難しい場合は、２種類でもいいかと思います。ポイントは「選ぶ」という能動的なアクション機会を作ってあげることです。「選ぶ」ことはそれだけで喜びにつながりますから。機内食で「お肉か、お魚か？」と聞かれたことがある方は、その効能を身をもってご存じなのではないでしょうか？

〈上級編〉

また、商品のセミオーダーメイドもこの魅力を具体化している手法です。

▲あちこちのまちで見かける「「着物」でまちあるき」ツアーなどは、「着物選び」も楽しみとなる。稽古場にずらっと広げられた500着もの着物の中からお気に入りを選ぶ参加者（千葉市　葵舞踊振興協会）

⑥ バリエーションをそろえる

同じスタイルで、すべて違うものにしておくことです。一見前述の「客が選択できるフェーズをひとつ作っておく」に似ていますが、完全に個対応で、しかも、その人だけのためにセッティングしておくということでより難易度があがります。例でいえば、10人のプラン参加者のために、10通りのグッズを用意しておき、それをスムーズにあてがってても違和感がないようなシチュエーションそのものを作っておくなどです。

⑦ ニーズを探り誘導する装置を置く

これは前述の「客が選択できるフェーズをひとつ作っておく」に加えて「その人にあった形をご本人に知ってもらう」というフェーズをその前に組み込んでおくスタイルです。雑誌などで良く見かける「クイズ」や「Ｙｅｓ-Ｎｏチャート」を客が楽しみながらチェックを進めて、最後に「あなたにあうのは○○」などと複数の結果から1つを選び出すスタイルです。

〈至福編〉

⑧ ひとりひとりにあわせて魅力を創出する

代表的なのは、「貸切露天風呂」など、「貸切」でプライベート空間を作ることです。限定1名、限定1カップルなど、様々な形でできますが、コストは最もかかるでしょう。

■技ありBAR弾丸はしごツアー

実際に「あなただけ」を加味して人気になった体験型観光プランがあります。

ある商店街で、夜に観光客が来ることで経済活性化を狙った時のこと、お酒をキーワードにできないかと、そのまちの日本バーテンダー協会の支部長のバーに参って相談しました。するど、そのバーテンダーは、「私はどんな果物や野菜だってうまく使って美味しいカクテルを作ることができる」と豪語したのです。そこで、ではその実力を披露して、参加者各人のためにオリジナルカクテルを作ってもらおうと企画しました。

そして同じ商店街の他のバーとあわせて合計3店を短時間ではしごし、1杯づつ味わうプラン『技ありBAR弾丸はしごツアー』を作りました。順番は、最初にシェリー酒のマスターとして日本でも数名しかいないライセンス保持者のお店、次に、ジャグリングが得意なマスターのお店へ。そして最後は前述の支部長のお店です。ツアーの集合場所は同じ商店街にある八百屋にしました。参加者には八百屋では最後のお店で作ってほしいカクテルの原料となるお好きな野菜や果物を購入していただきます。そして、簡単なリクエストシート（カクテルの好みをヒアリングするシート）で、「アルコールが強い・弱い」「甘い・辛い」などにチェックしてもらっておきます。八百屋を出たらいざツアー開始。1軒目にお客が着いたら、私は皆さんが購入した野菜や果物とアンケートシートをもって、自転車で3軒目に急いで届けに走ります。そして、お客が1軒目、2軒目をまわって最後のお店に来て、扉を開けると、そこには、皆さんが買った果物や野菜を使った色とりどりのカクテルがそれぞれカウンターの上に出来上がったばかりで並んで待ち構えているのでした。お客さまには大好評で皆さん大変盛り上がりました。お客さまの中には、トウモロコシや、レンコンなど、およそカクテルの材料にはなりづらそうな野菜をチョイスしてバーテンダーに挑戦していた人もいましたから、それがこんなにきれいなカクテルにできあがっているのを見て、幸せな驚きを覚えているようでした。その後は、皆で、少しずつ交換しあって味を確かめあったりと大変楽しいひとときが過ごせ、八百屋にもバーにもしっかりお金が落ちました。

このツアーでの「あなただけ」の仕組みを分解すると、

●自分で野菜や果物など好きな食材を選べる
↓参加者が自らの希望を大いに反映できる機会をセットする
●アンケートで「アルコール強度」「甘さ」などをリクエストできた
↓参加者個々人のニーズにこたえる＋こちらのニーズを聞いてくれた、という満足感がしあがった
●同じ環境を楽しんだ同行者と取り換えっこをしたくなるなど、一人ひとりすべて違った作品がしあがった
↓参加者がお互いの成果を見せあい楽しく比較検討できる

などが魅力因子として挙げられます。

このように「あなただけ」を突き詰めると、既存のプランがより楽しく魅力的にできるはずです。ぜひ無理のないところから採り入れてほしいものです。

【取材の仕方】

これからの観光商品企画の優劣を左右するのは、ずばり「取材力」だと私は思っています。そして、この「取材力」について観光振興の観点から提示された書籍などの存在は私は知りませんので、私なりの実体験から得られた考えを記しておこうと思います。

まず、「今だけ、ここだけ、あなただけ」の3つは、コロナ禍下の「観光振興」を考えていくにあたり、今後さらに重要度が増していくでしょう。なかでも、「あなただけ」の考え方の重要度が顕著になると感じています。

ターゲットを細かくわければわけるほど、そこに当てようとしている、観光コンテンツの魅力も多彩に対応できないといけなくなるのですが、商品企画担当者にとっては、そのような「魅力をターゲットごとに発信できるように把握する」ことは、大変難しいのです。ですからそこへ到るために取材では、これまで以上に、観光の担い手になる方の「気持ち」「考え」に迫る能力が求められるようになります。しかも、その担い手は、たとえば生産農家の方だったり、

PROCESS 5

ブラッシュアップ

工芸品の職人さんだったりで、客商売とは無縁の人であることが多いのです。

これらの方の気持ちを確かめるのは一筋縄ではいきません。彼らの製品にかける思いを知るためには、「引き寄せ力」「傾聴力」そして「取材力」の3つが求められます。引き寄せ力や、傾聴力は、私がここで述べるよりも、多くのビジネス書に書かれているでしょうから、そちらを参考にしてくださったほうがいいでしょう。私も特別に自分固有のメソッドがあるわけではありません。

最後の「取材力」について、ひとことお伝えしておきます。

「傾聴」と「取材」の最も違う所は、「傾聴」は相手の話を聞くだけ。つまり、相手がすべてを気持ち良く語り尽くしたらそれが成功という発想です。一方で、「取材」とは、こちらがある目的をもって話を聞きだすことですので、より取材する側がイニシアチブをもつことになります。

プロの取材記者、編集者としてこれまで現場で20年以上仕事をしてきた結果、私が感じているのは、うまくいったと思えた取材は、次のことをできている場合が多いということです。

---

①取材対象者との間において、その取材結果の使われ方など、取材の主旨の共有ができていること

②当然ながら事前の準備（取材対象者についての十分な下調べ。そして、その下調べを通して、

当方が聞く質問に対する答えの予想）がしっかりできていること
③質問項目の整理とその順番などの事前の設定
④質問項目の事前先方通知
〈裏ワザ〉　取材をする前に、取材で聞き出せそうな内容をイメージして予め文章を作っておく（企画なら企画の骨子を作っておく）。取材ではそれができていない所を穴埋め式に補填する

この4条件を、事前にしておきたいものです。

ちなみにこの4つのうち、最も重要なものを1つだけ選ぶとしたら、①ではないかと考えています。さらに、当日、ご本人に会ってお話をするにあたっては、前述の②～④の、内容をいったん忘れるくらいの潔さも必要で、それは、会って話を聞くことで、事前に想定していたことより、直接お会いした時に感じるであろう自分の感覚を大切にするためです。なぜなら、「事前情報」はすべて「過去」のもので、かつメディアなどから得た情報は先に取材したメディアの方のフィルターが通っているからなのです。

「百聞は一見にしかず」です。実際に会って、肉声を聞く、そこから感じていることをぜひ大切にしていきたいものです。これは、特に「思い」やそこから発生する「物語」を作る上で有効であると思います。

さて、次は取材時の気を付けるポイントを記します。

PROCESS 5

ブラッシュアップ

【取材時に大切にしたいポイント】

・しっかりメモをとる。メモをとっている姿を相手に見せる

・聞いた話を整理してあげることでさらに話しやすくする（これは、紙にチャートや、イラストなど様々なビジュアルを駆使する。これが取材の最中にできると、その後の話者は、話す時にその該当箇所を指さししながら説明するようになるから不思議です（笑）。これは、とても重要なメソッドで、よく会議で意見がまとまらない時に、ホワイトボードなどでファシリテーターが整理してビジュアル化してあげると話しが大いにすすむのと同じ原理です）

・抽象的な話は具体的な事例を聞き出す。具体的な話だったら、それを掘り下げ、その元となっている抽象的な話者の考え方にまで到達する

・取材慣れしていない人から聞き出すのに有効なことは、「現場に連れて行ってもらう、現場を見せてもらう」とか「実際のものを見せてもらう」こと

・取材に他の人に加わってもらって助け舟を出してもらう（これは、初対面の場合特に有効で、話者に近しい人が話に加わると別人のように口がなめらかになり、その方の本来の持ち味がでることが多いのです）

ぜひ「取材力」を磨いて、自分が本当に知りたいことへ辿りついていただきたいものです。

観光振興の現場では、取材時に得た話をもとにして、そこからストーリーを作ったり、商品

化することが仕事ですから、話を聞いている時には、いつでも、「時間、空間、ターゲット」そして「今だけ、ここだけ、あなただけ」の軸をもちながら臨んでほしいです。

たとえば「時間」でしたら、「それをもし、午後にやるとしたら、どうなるんでしょうね？」など問いかけして、商品化のイメージをより確かにしていくといいでしょう。（113ページの「いちご狩り」プラン例）基本的にこのような当方からの問いかけに対して、どのような反応を示されるか？（前のめりか、消極的かなど）で、商品化実現後の、その方の力の入れ具合を予想する判断材料にもなります。

こうして、取材で得た事実をどう「あなただけ」の価値に昇華させていくか、そこには魅力発掘プロデューサーのセンスが問われることとなります。

【仕上げの三大スパイス】

先ほどの「基本の三大スパイス」が、「その観光資源を商品化するにあたり、基本的な3つの方向で魅力の可能性を高めるためのもの（おいしくするもの）」であるとしたら、こちらの「仕上げの三大スパイス」の役割は、それらをどう食べてもらうか？ということとなります。味の下地となる「うまみ」などを決定するのが、基本スパイス、一方で、口に入れたくなる鮮や

PROCESS 5

ブラッシュアップ

かなインパクトがこちら「仕上げのスパイス」。共通しているのは、どちらも素材の味わいを惹きたたせる材料ということになります。そしてこの3つのスパイスは、どれも必要不可欠。どれか1つ欠けても、物足りなく感じてしまい、料理でしたら「食べたくなくなる」または「食べられない」。

ですから「仕上げのスパイス」は、食べる人が「食べたくなる」ようにする要素が不可欠です。これらは、クリエイティブ用語でいうと、「トーン＆マナー」と言います。具体的には、人間の「感情」に訴求します。

四大要素は、三大欲望を具現化した形。すでに紹介した基本の三大スパイスは、その四つの要素を受けて、それぞれをより効果的に味わいを膨らませる機能。そして、これから紹介する仕上げの三大スパイスが、それを感情に訴えかけて、より体験したくさせる機能です。

具体的に仕上げのスパイスには3つあります。これは、観光振興の仕事で学んだことではなく、私が旅行情報誌の編集長をしている時に学んだナレッジです。簡単に言えば、旅行雑誌をいかに多く買ってもらうかの工夫から身に付けました。

■**笑い**
■**驚き**
■**誘い**

これら3つそれぞれの機能をお伝えしましょう。

■「笑い」について

観光は大前提として「楽しく」あるべきだと思います。いかに企画を楽しくするか？　面白くするか？　笑顔を与えることができるか？　喜ばすことができるか？　これらをどう用意するか？　その観光資源をもとにした商品を知って、「くすっ」と笑えればすでに「楽しさ」を醸成していると言えます。

たとえば、コロナ禍下にある現在、我々は家で食事をする機会が増え、「宅配」を頼むことが多くなっています。先日テレビで紹介されていたあるデリバリースタッフは、クリスマスのホームパーティー需要が高まったイブの日に、チキンをお届けにあがる仕事をしていたのですが、自分で鶏のコスプレに変装して、お客さま宅にお届けにあがるというアイディアを実践していました。インタビューで彼は、「チキンがチキンを届けにきたら面白いかなと」と答えていました。一見くだらないかもしれません。しかし、そこにはお客さまを喜ばそうという思いがしっかりつまっていることは誰でも感じられますから、好感度があがることは言わずもがなですよね。

このように「いかに楽しませるか」を忘れないことが肝要かと思います。

私の知っている例でいうと、水戸市役所のJリーグ担当課のスタッフは自ら観光まちあるき

PROCESS **5**

ブラッシュアップ

ガイドをやるくらい熱心だったのですが、そのまちにあるＪクラブ・水戸ホーリーホックがよそのまちに遠征にいくと、ついていって水戸での試合を観戦に来るようＰＲをしていたことがありました。試合前にスタジアムの入口でサポーター向けに作った観光パンフを配るのですが、彼はその際になぜか装いがタキシードなのです。私は、たまたま彼のチームを受け入れる側のＪリーグチーム本拠地の観光課課長として彼と知り合い、それからいろいろと彼の想いなどを知ることができました。彼は、タキシードのお兄さんとして一部で有名になり、試合観戦のために水戸市に訪れる客が、彼がガイドする「試合観戦前の特別観光ツアー」に参加するようになっています。

　この例も、なぜか「タキシード」という点が「くすっ」としますよね。

　前述のチキンのデリバリーお兄さんも、Ｊリーグ観戦で集客する市のタキシード職員も、ほほえましいというか、罪がない笑いを提供してくれて、接した人は間違いなく楽

▲Ｊリーグの対戦時にアウェイチームのまちに赴いては観光ＰＲをおこない、地元ホーム試合時には観光ツアーをおこなうタキシード姿の市役所職員

しい気分に浸れると思います。

私の経験では、これら「笑い」のアイディアは企画が進んで、最後に「もっと面白くできないかな」と考えて意見出しなどをしている時に、雑談の中から生まれることが多いです。そしてそのキーワードは「茶目っ気」です。この「茶目っ気」を発揮して「作り込み」をしてフィニッシュさせるのです。この時の会議はいわゆる「ブレーンストーミング」の形が効果的です。ブレーンストーミングとは簡単に言えば、「もっと面白くするにはどうしたらいいか」と参加者全員が好き勝手に発言するのです。そしてルールがあって、「どんな発言もそれを否定しない」のです。さらに「誰かが発言したら、それをもっと面白くするような発想を加える」ような発言をして盛り上がることが大切です。

バンコクの「じゃらん屋台」

ブレーンストーミングの例をひとつお示しします。

以前、旅行情報誌『じゃらん九州発』でタイのバンコクに取材に行く企画がありました。その企画では、「単にスポットを紹介するだけだとつまらないから、なにか、読者が得をするようなしかけを取材中にしたいね」という方向に話がすすみました。

「クーポンとかどうでしょう?」

「いいねっ!なんか、旅行会社や他の雑誌がやらないような、へなちょこなクーポンのほう

PROCESS 5

ブラッシュアップ

が笑えるよね」

「よくあるのは、「じゃらんを見た」と言ったらなにかをサービスだよね」

「そうだよね。じゃ、それをどこでやろうか?」

「ちゃんとしたレストランだったら、使う側もかまえちゃうよね。だったら、屋台なんかどうだろう?」

「それ、いい」

「バンコクって屋台けっこうあるじゃん? どうしたらその屋台だってわかるかな?」

「そうだ、そういえば先日読者プレゼント用に作ったじゃらんのロゴ入りの黄色い帽子余ってたじゃん。あれを屋台のおばさんとかに、かぶってもらって、「この帽子が目印」ってしたら、どう?」

「じゃらん屋台っ! PR効果にもなる!」

「いいね。それだと、数ある屋台のうちで見つけられやすいし、第一、へなちょこで笑える」

「屋台料理なら九州の読者になじみの深い「ゆず胡椒」も持って行って、屋台料理に振りかけて食レポもしちゃおう」

というわけで、取材記者は帽子と九州っ子が愛してやまない「ゆず胡椒」を持参してバンコクへ。「じゃらんを見た」と言ったら一品サービスしてくれる「ゆず胡椒」が置いてある屋台を誕生させたのでした。

そして、その号の表紙には、「誕生！じゃらん屋台INバンコク（笑）」とうたったわけです。

ちなみに、その半年後くらいに、編集部員がプライベートでバンコクに行った時に訪れたら、おばさんはあいかわらず黄色い帽子をかぶってくれていたということで、おばさんは料理をサービスしてくれたとのこと。それを聞いて、皆の気持ちがほっこりしました。また読者からも「じゃらん屋台行ってきました」報告もいただき、読者も私たちも楽しい気持ちになったものです。

パプコレ

こちらは私が海外旅行情報誌『AB－ROAD』の編集をしていた時のこと。

ある外資系航空会社を担当していて、その航空会社のネットワークエリアのシリーズ企画を展開していました。そしてある号の紹介エリアとして同社が指定してきたのが、超マイナーな「パプア・ニューギニア」だったのです。日本人渡航者は年間わずか数百人。それもほとんどがビジネス目的や太平洋戦争の慰霊目的。記事のボリュームはわずか4ページ。何を紹介するか、何を取材するかで随分考えましたが、実際に取材に派遣したスタッフから上がってきた写真は、予定していた観光スポットなどに加えて、原住民が色とりどりに化粧（フェイスペイント）した顔写真の数々でした。取材前には想定していなかったのですが、どうやら、カメラマンの興味関心をいたく刺激したようで、夥しい顔のアップ写真。そこで、私は、記事の下の方に横長の見開きコラムを作って、それらの写真を10点ほど一斉に並べて単純に「見て楽しいコ

PROCESS 5

ブラッシュアップ

ラム」を作ったのです。

さてここからは、いわゆる「笑い」をどう出すか。実践したことは2つ。

ますは、このフェイスペイントの写真それぞれにどのようなキャプションをつけるか？これは、彼らにとってはファッションなのであるから、日本のファッションのプロに講評をしてもらうといいのでは、と着想しました。そこで、外苑前のカリスマ美容師へ編集部の知己を辿って話を持ちかけ、協力をいただき、写真を見てもらいにお店に参りました。ここで、こだわったのは、そのキャプションの入れ方。普段は読まない女性ファッション誌を何冊か熟読して、ファッション誌特有の言いかたを学び、紹介の言葉付きなどに反映したのです。「たぬき顔のあなたは自然なメイクが◎！」とかですね。

そして、パリコレをもじってコラムタイトルは「パプコレ」（パプアニューギニアの意味）として、掲載しました。これは、反響が大きかった。反響といっても編集部をはじめとした社内だけだったのですが（笑）。私はおかげで、しばらくの間「あのパプコレ作った人」と言われてしまいました。

さて、じゃらん屋台とパプコレ、これらに共通していること。それは、「やってる側が面白がっていたこと」。そして「作り込み」。一見たわいもないことこそ、真剣に取り組めば組むほど、完成度がまし、面白みが出るのではと思っています。

よく、クリエイターの世界では「神は細部に宿る」といいますが、「細部にこだわる」と笑いが生まれるのでは、と思います。

一方で、観光客と接する時に「くすっと」させる技もあります。今度は私が体験した2つの「声掛け」事例を紹介します。

大阪のお好み焼き屋の店員からもらった言葉

妻と二人で大阪のお好み焼き屋に入った時のこと。会計をすませて、お店を出た時に見送りに来られた店員さんが私らの背に向けてかけた声が、

「おおきに。末長くお幸せに！」

でした。普通は結婚式などで使われる言葉ですが、よくよく考えたら、一期一会で使ってもいいすてきな言葉ですよね。妻は爆笑し、私たちは一層楽しい気持ちになりました。今から15年ほど前のこの言葉ですが、いまだにずっと覚えているくらいなんです。

その後、私もここぞという時に使わせてもらっているツアー最後のだめ押しフレーズです。

プロカメラマンがシャッターを押す時に投げる言葉

ともに海外取材に20回近く行き、そのたびに珍道中を組んでいたコンビ相方、通称〝レモンちゃん〟ことカメラマンの南雄二さん。残念ながら近年お亡くなりになりましたが、彼が生前、

PROCESS 5

ブラッシュアップ

海外で取材撮影する時によく使っていた笑わせる技です。日本語（彼はすべて日本語で通していた）で、集合写真などを取る際に、ふつうは、「はいチーズ」などと言いますが、彼の場合、「はーい、スマイル♪痛くないよ～、痛くないよ～。最初だけチクっとするよ、ハイ、パチリ!!」と素っ頓狂な声色で叫んでシャッターを切ります。不思議に声のトーンでそれがわかるのでしょうか、皆、ゲラゲラ笑って、満面の笑みになるのは、彼が遺した莫大な数の写真が雄弁に物語っています。

これらはとてもたわいもないことなのですが、なぜか「笑い」を考える時にいつも思い浮かぶことです。たぶん、どちらも「罪のない」笑いで、しかもなにか、その場にいる人がちょっぴり幸せになるような気がするからです。

▲南氏（左）と著者。チェリー＆レモンとして20年余りコンビを組んで海外10数か国を取材・撮影。人を笑わせる異才の持ち主で、行く先々で人々の自然な笑顔を引出しカメラに収めた。（写真はアジア版オリエンタル急行取材時）

観光ではガイドや撮影などの機会が多くあると思いますので、このような「笑い」があると、多くの人が幸せな気分になるのでは、と思います。行く先々で「くすっ」とできると、観光はより思い出深いものになるのではないでしょうか。

■「驚き」について

この「驚き」という「仕上げのスパイス」を意識しているか、していないかで、実は観光振興の集客面では、結果に大きな違いが出ると、私は確信しています。

のっけから最もお伝えしたいことを申しましょう。

まず、あなたのやっていること、あなたがアウトプットしたことは必ず「価値」があるということなのです。

私は、30年以上、編集および魅力発掘プロデューサーとして世の中にアウトプットする仕事をしてきました。いわゆる「創造的」な仕事です。そして、感じるのは、大切なことは「アウトプットする」こと。つまり「やる」こと。考えたり学んだりするだけでは、価値はないのです。価値はゼロです。

なぜ、このことをお伝えしたいかというと、いったん自分がアウトプットしたら、それが「価値」を生んでいることを感じていないと、その「価値」は効果的に人に伝わらないからなのです。当たり前です。それは、本人が自分が生み出した「価値」を感じてないから、伝えようがありません。

ひとつ例をあげましょう。

ある家で赤ちゃんが生まれたとします。この「誕生」を喜ばない人はいません。なぜなら、昨日までは、世の中になかった命が新たに生まれたからなのです。赤ちゃんが生まれたことは、その親に、その家族に、その親戚に、その地域にとって、すべからく「お慶びごと」なのです。あなたが地域の資源をもとに観光プランを作り上げた。それと、「赤ちゃんが生まれた」ことは同じなのです。昨日までなかったものが誕生したからです。

そう考えると、実は、あなたが世の中にアウトプットしたことは、すべてが「お知らせ」するのに値することなのです。喜びをもって迎えられるべきことなのです。ですから、それはNEWSになります。つまり、人々に「驚き」を与えることになるのです。なぜなら、それは今までは人々が知らなかったことなのですから。

ご理解いただけましたでしょうか?

あなたがアウトプットしたことは、すべからく「驚き」を内包したNEWSであるのに、それを生み出した本人が気づいてないことがとても多くあるのです。

驚きは、「隣の村で赤ちゃん生まれたよ」という知らせ、およびその事実なのです。ですから、まずもって自分が生み出した企画をしっかりと「良い知らせ」(お慶びごと)として伝えられることを自覚してください。そして、それを心の底から、皆で祝ってもらうようにしてください。

以上が「仕上げの三大スパイス」の「驚き」の基本的な性格ですが、さらにそれを突き詰めていきます。

まず、「驚き」とは「知る」の最大級です。「知る」は3つの分類ができます。

1　はじめて知る、認める

2　あらためて知る、再認識する

3　気づく

「驚く」は、これら1～3のそれぞれの最大級です。ですので、「知る」の三形態をいかに「驚き」にまで高めて、体験者、観光客の喜びを増幅するか、そのノウハウを記します。

1　初めて知る、認める

一番ニュースになりやすいことがこれです。そのものごとが生まれたことを伝えるのです。それがどういう背景で、どういう経緯で生まれたのか？　これを伝えるのです。

多くの企画担当者は、ここを「あたりまえ」のこととして言語化せずに、結果、企画の主旨が参加者に伝わらずに効果を低減している例を私は多く見てきています。まずは、「共有」するスタンスを忘れないでください。「ねぇねぇ、●●さんちで赤ちゃんが生まれたよ」ということを喜びをもって伝えてください。なぜなら、あなたの立てた企画が実現したことは、構造的には、赤ちゃんがうまれたこととまったく同じ価値を持っているのですから。
ポイントは作ったプランのプラン名の最初に「祝：誕生」とつけられるかどうかです。
例）午後からイチゴ狩りをしちゃおう　↓　祝★午後からできるイチゴ狩りプラン誕生

2 あらためて知る、再認識する

すでに1つの価値を持って世の中にあるものの中に、別の新たな価値を見出して、それを紹介するプランなどです。前述の「誕生」が内容や意味を問わず、あらたに「存在」が生まれるものに対して、こちらは、すでにある「存在」に「価値」を付与して初めて成立します。「誕生」に対して「出現」のニュアンスです。誕生ならわかりやいのですが、この「出現」は、うまく価値を伝えないとなかなか伝わらず、やや難易度があがります。

この「出現」を最も強く「驚き」ステージにまで高めるにふさわしい言葉として、私は「登場」や「初登場」を使うことをお奨めします。登場の意味は、その「場」に現れる、ということです。つまり、ひとつの「意味のある世界」の中に入ってくることなのです。ですからこの「意味のある世界」をどう捉えるかで、その説得力の多寡が変わります。

この「意味のある世界」は、ターゲット別の世界と捉えて考え、さらにその意味の価値が高ければ高いほど（人気なアイテムやテーマであればあるほど）スムーズかと思います。逆にこの「登場」「初登場」をつけてもしっくりこない時は、コンセプトがぼやけているから、さらに作り込みをされたほうがいいと思います。

あなたの作ったプランのプラン名のどこかに「登場」「初登場」とつけられるかどうかです。

例）動物園で花見ができるプラン　↓　初登場!! 動物園でお花見プラン
※ここにおける「動物園」の最初の価値は「動物が見れる場所」。それを、春の代表的なお楽しみである「お花見」をしたい人々に対して「意味のある場所」として別の新たな価値を付与させています。

3 気づく

気づきは、言ってみれば「価値」そのものの提示です。これは、観光の場合、「こうすればもっと楽しいよ」とか「こんな楽しみ方があるよ」といった意味です。その提案そのものが「驚き」にスムーズにつながるケースもあります。接頭語には思い切って「驚」一文字を置いてみたり、文末に「発見」などを置いてみて違和感なければ合格です。

例）朝の海辺を散歩するプラン　↓　発見！ 朝日を浴びてピンクに輝く貝殻ビーチ
※「朝の海辺の散歩」という行為に「ピンク色の貝殻が見つかって楽しいからぜひやってみて」という提案にまで掘り下げて提示しています。（福岡県津屋崎のビーチの例）
これらは、すべて、その企画で「知る」価値を「驚き」レベルにまで高めています。

そして、「驚き」レベルまで無理なく高められたら、その企画の価値はしっかり伝えられているはずです。

■「誘い（いざない）」について

さて、「仕上げの三大スパイス」の最後は「誘い」です。

「誘い」は、前述2つの「笑い」と「驚き」がやや頭を使って考えるものであるのに比べて、決まりごととしてルール化してしまえば考えずにできるものです。しかし、必要不可欠であることは間違いありません。具体的には、ここまで作り上げてきた観光企画商品を最後の最後で「アクションさせるための装置」が誘い（いざない）なのです。

ですから、簡単に申し上げると、ここまでで「行きたくなった」方がちゃんと行けるように、申し込みの仕方から行き方などの企画概要までを丁寧に伝えることです。

いかに「誘い力」が弱いかを私が見かけた事例を挙げます。悲しいかな、これらの悪い例はとてもよく見かけます。

〈改善したいありがちな例〉

・申込みについて

土・日は営業時間外だということで申込みを受けない。

締切を企画実施日の10日前にするなど自らの都合を優先する。

応募の受け付けは往復はがきのみ（行政にありがち）。

応募が抽選制の場合、抽選結果発表方法・日時が書いてない。（外れた場合に違う動きをしたいのに予定が立てづらい）

プランが天候や集客人数に達せず不催行になった時の連絡予定締日が記されていない。

・アクセスについて

地図上に、方位と縮尺を入れない。

地図が不正確で実用的でない。

一方通行などがあるのに掲載しない。

デザイン性重視で実際は使えない地図（デザイナーの「誘い」意識が低い）。

公共交通機関があるとだけしか書いてない。（特にバスは便が少ない場合など、最寄の鉄道駅などからのタイムテーブルを載せることができていない）

地図上で、大型施設の場合、入口が書いていなくて現場で迷

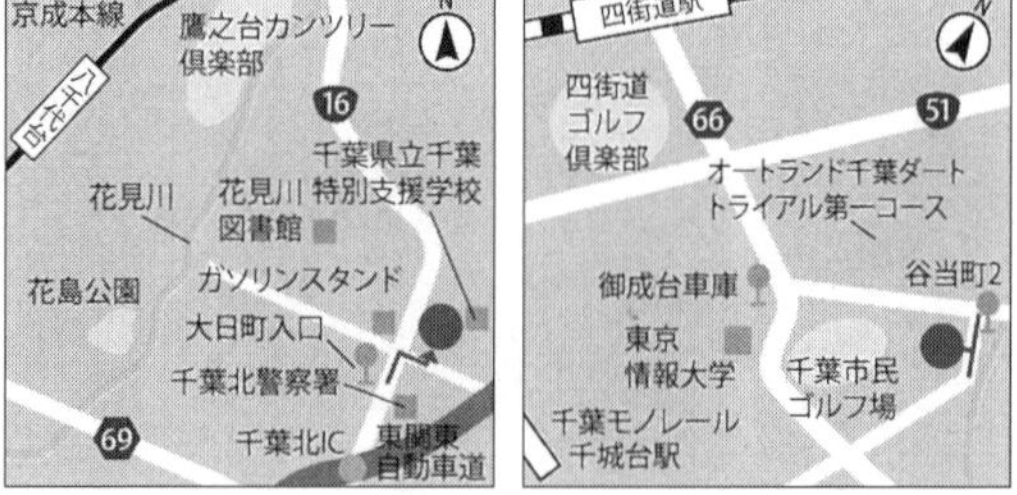

▲入り口がどの通りに面しているかを明確に示す例。角の建物だと特に大切。

う。

・プラン概要について

終わりの時間が書いていない。（行政がからんだプランにありがち。終わりの時間が書いていないので、その後のスケジュールが立てられない）

持ち物が書かれていない。

試食などがあるプランの場合、それが一食の量として十分か否かわからない。

以上です。これらからはホスピタリティのかけらも感じません。つまり誘いが軽視されているのです。改善策としては、シンプルです。ちゃんと決めて、ちゃんと書くことに尽きます

【3つの哲学的手法の取り入れ方】

さて、「ブラッシュアップ」の最後に、観光振興で使える3つの哲学的思考法をお伝えします。

哲学は、そのものの魅力を発掘し観光商品にまで昇華させるに有効な考え方をいくつか生み出しています。なかでも魅力発掘プロデュースには次の3つが有効と考えています。

Ⅰ　エドモンド・フッサールの「相互主観性」

い方は哲学の専門家などの解釈のほうを確認することをおすすめします。

それぞれの考え方の説明をしながら、少し実例を出してみたいと思います。
なお、いずれも大学時代に一哲学徒であった私なりの解釈ですから、詳細を正しく知られた

2 ヘーゲルの「止揚（アウフヘーベン）」

3 キルケゴールの「関係性」

■ エドモンド・フッサールの「相互主観性」

フッサールは現象学の開祖ですが、その広範な考えの中で、観光振興のための魅力発掘という観点で活用するといいのは「相互主観性」という概念です。

これは、目の前の世界を見るにあたって、「客観的」とは「ありえない」とする考えです。「客観とは何か？」と考えるとそこには、必ず「複数の主観の共通点」であることに行きつく。そうなると、もし「世界」があったとしたら、それは、「客観的」ではなくて、その世界を構成している構成員の主観の集まりに過ぎない。であるから、それは、「相互主観性」と言うべきであろうと考えるのです。これは、実は、「世界」があるとしても、その「世界」とは、その構成メンバーによって変わるので、「絶対的な世界とは存在しない」という考えにまで行きつくのです。つまり、「客観的」という概念の否定につながりますから、これを社会の中で行

う と、「常識」「一般的」などの概念の否定、それらの概念にとらわれない「自由な発想」を持てることにまでつながります。さらにここで、方法論として、デカルトの考えた「方法的懐疑」を採り入れれば、「常識、一般的、客観的という概念で現れているものこそ、疑ってかかる（ことで新しい価値を見つける）」ということになりますから、魅力発掘をする上で強力なエンジンになります。

そして、この姿勢は、以下2つの価値創出方法に枝分かれして発展させられます。

・ひとつの地域資源にあらたな価値を付随させる
・観光客として大きく括るのではなく、観光客ごとに「価値」を見つけ出すようになる。

観光資源を考えるにあたって、「価値とは、人によって変わる」ということにつながり、さらに、「そのものの絶対的な価値など存在しない」ということになるのです。そして、それだからこそ、何に注目すべきかと言えば、それは、個々人の主観。つまり意識の流れだったり、ものの捉え方だったりするのです。ここにぐいっと力を込めると、これまで注目されなかった価値が新たに発見できるようになります。この魅力発掘法はけっこうな労力を使うため、これを完遂するには、並々ならぬ情熱が必要かとは思います。

そして、この基本的なスタンスを持っているか持っていないかがその情熱の多寡を決め、ひいては、地域資源のブラッシュアップする力の源泉になるのだと思います。

さて、実際に「まちあるき」の中で、この考えを反映して好評を得た2つの工夫をお伝えしましょう。（いずれも「恵比須・化け猫・河童伝説　佐賀のお城下ナイトウォークツアー」のコンテンツについてです。）

ひとつの地域資源の「客観性」を疑うことで、あらたな価値を付随させる

既存の価値にとらわれずに、新たな価値を創出したケースです。

木像の河童にまつわる伝説の信ぴょう性を疑ってかかったことで新たな物語を作り出したのです。

具体的には、ある神社にかなり昔に作られた河童の木像があるというので、まざまざと観察してみましたが、どうにも通常イメージされるような河童には見えませんでした。ねじり鉢巻で筋骨は隆々。頭のお皿もないし、よく描かれているくちばしのような突出した口もありません。

そこで、民俗学関連の文献を様々調べて、河童そのものの出現から、なぜ佐賀のこの川にこの河童がいるのかを、根気よく調べたら、あるとんでもない事実がわかっ

▲これが河童？
筆者が初めて観た時にその姿に驚かされた「河童のひょうすべ像」。当初は神社の屋内で「要望があれば」ご覧にいれる、というスタイルで拝観。ツアーで一躍注目され、やがて神様の使いとしてまつられるように。新たな神社が建立された（佐嘉・松原神社）

てきました。まちあるきツアーでは、その物語をもとに、ご説明しました。この説明内容は、それまで紹介されていた内容とは詳細が大きく違い、ツアー客に、説の違いを知るという「楽しみ」も提供する結果となりました。

フッサールの哲学そのものが「常識とされている判断を中止し、主観によって世界の再構築を始める」ので、これは、観光振興においては、「今だけ、ここだけ、あなただけ」の魅力の三大価値を著しく向上させる起爆剤になる可能性があります。ぜひ気に留めておいてほしいものです。

観光客として大きく括るのではなく、観光客ごとに「価値」を見つけ出すようになる

ナイトウォーク第3弾「河童の伝言、遠い笛」のツアー中のアトラクション「河童の伝言」を参加者一人ひとりに違ったメッセージを投げかけたことで盛り上がりを創出した例です。

具体的には、ツアーの途中、川沿いの東屋の暗がりの一角に、日本古来の伝説である「河童の手紙」にちなんで手紙を前もって置いておきました。ツアーがはじまると、参加していた子供さんにその手紙を取りにいかせます（「肝試し」的な面白みの演出）。ポイントは手紙を人数分そろえており、それぞれに違ったメッセージを記していること。たとえば、「おまえ、さっきのお店でもらったクッキー、ひとつ余計に食べただろ」、「あなたは、言葉遣いが優しいから、きっとうまくいく」とか。そして、これが、参加者の間で、「見せっこ」をして楽しむという、予想しなかった盛り上がりを見せることとなりました。

思うに、「手紙」とは「書き手」から「読み手」に出すもので、そこは、基本的に「1対1」の関係があります。その「手紙」の本質を素直に採り入れて、手紙を一通だけにして「みんなで読む」という風に仕組まなかったあたりがフッサールの「相互主観性」から学び得たセンスなのかなと思います。

■ 2 ヘーゲルの「止揚《しよう》（アウフヘーベン）」

アウフヘーベンとは、ドイツの哲学者ヘーゲルが見出した考え方です。「矛盾した2つのものを、一層高い視点から見て、それらの矛盾をなくし解決策を見出すこと」を言います。

ドイツ語で表記するとAufhebenとなりますが、この単語の中の前半分のAufは、「上」「上の方」または、「上のほうへ」を意味しています。hebenは「挙げる」「上げる」「持ち上げる」「高める」の意味です。

この2語が組み合わさったAufheben、なんとなくニュアンスがご理解いただけたかと思います。

私がこの語源をわざわざ紹介しているのも、最近勉強を始めたドイツ語の知識を披露したいわけではありません（笑）。後述しますが、こと「観光振興」に関して限って言えば、この「上

PROCESS 5

ブラッシュアップ

へぐいっと持ち上げる」ニュアンスは重要な考え方と思ったからです。

アウフヘーベンは、観光振興分野にとらわれず、広くクリエイティブな仕事だったり、画期的なイノベーションによく含まれている考え方だと思います。

その課題解決の「突破力」は目を見張る威力があります。

なぜならアウフヘーベンは、2つの相反する条件（「テーゼ」と「アンチテーゼ」といいます）がそれだけでは相入れないにも関わらず、最終的にはその両方を否定することなく一挙に解決する形になるからです。さらに、もし、その2つの条件そのものが「それぞれ相方の条件に阻まれて十分にできていなかった」状態だったら、その2つの価値をそもそも再生復活させることを成功させた上で、さらに、新しい価値（「ジンテーゼ」といいます）をも生み出してしまうということになるからです。

では、アウフヘーベンをわかりやすくご説明しましょう。

たとえば、サンドイッチが生まれた説など、御存じでしょうか？

イギリスの貴族サンドイッチ伯爵は賭け事が大好きでした。食事時間を割いてでも賭け事をしていたい。でも、おなかがすく。

そこで、「賭け事をしながら手でつまんで食べられるものはないか？」と考えて作ったのが、サンドイッチだというのです。

わかりやすいですよね。

つまりサンドイッチ伯爵の切実な欲求である「賭け事をずっとしていたい」と「おなかがすいたから食事をしたい」、この2つを「1つの時間帯」に同時に可能にするために生まれたのですね。

さて、このアウフへーベンの考え方を導入すると、観光振興でよくある「まちあるき」ツアーなどはどうなるでしょうか?

旅先で初めてのまちを歩くのに「誰かガイドに引率してもらいいろいろ楽しいことをダイジェストで体験したい」という希望。一方それに反して、「お仕着せの説明ばかり聞かされるとうんざりする。もっと自由が欲しい」という希望。この2つは互いに矛盾している希望のようにみられます。こういう時にこそ、アウフへーベンの出番です。

この場合、できることは、そのまちあるきの最中に「自由時間」を作ることなどです。たとえば、ランチタイムだけ「自由」にする。いったん解散して、自由を満喫してもらい、その後に、再度集合するといったスタイルです。

私もアウフへーベンを活用した観光振興を2つほど実施しました。

ひとつ目は、佐賀で、あるお店のあるメニューの売り上げが1.4倍になった事例。2つ目は、千葉で、ある体験型観光に「誘い力」が加わりその季節の集客の目玉になった事例です。

これらを通して、アウフへーベンを活かす観光振興上で最も大切だと思っていることをお話いたします。

PROCESS 5

ブラッシュアップ

【caseⅠ】シシリアンライス

「時間が限られている旅行者に、佐賀の地元料理「シシリアンライス」と美味しい「佐賀牛」のどちらも食べてほしい」

そう思って、ある喫茶店に提案したのが、「佐賀牛を使ったシシリアンライス」でした。こちらは、その後、御主人がメニューに取り入れたところ、通常の「シシリアンライス」の1・4倍売れるようになったとおっしゃってました。

また、これは蛇足ですが、カップルでいらして一人は「シシリアンライス」、相方は「佐賀牛シシリアンライス」を注文して仲良く食べ比べしている姿も増えたとか。

このように、アウフヘーベンは、わりと簡単にできることなのだと思います。「ドイツ語？」「哲学？」なんて難しく考えなくても、意外にあなたもすでにやってらっしゃる、身近な課題解決法かもしれませんね。

ただし、魅力を発掘して観光振興を図る際には、重要なポイントがあります。

まずは「消費者の欲求から始める」ことです。

けして、提供者の都合から始めないほうがいいのです。

なぜなら、そもそも、それぞれ別個ですでに「ちゃんと存在しているもの（ヘーゲルはこれらを「テーゼ」と「アンチテーゼ」と名付けています）」を組み合わせることなども出てくるわけですから、そこに無理が生じるケースが多いのです。

「あぶはちとらず」とか、「とんがってたのが丸くなる」とか……。料理で言えば、「2つをかけあわせても大しておいしくない」とか。

つまり「言うは易く、行うは難し」の典型的な例なのです。思いつくことはできるが、成功するかどうかは……微妙なんですね。

では、なぜ、佐賀牛のシシリアンライスは売り上げ40%UPにつながったのか?

もちろん美味しかったこともあるでしょうが、さらに「旅行中に楽しめる食事回数は限られている。だから、一度の食事で「あれもこれも」食べてみたい」という、旅行中の人間ならではの自然でかつ強い欲望原理に忠実にならった解決策だったからだと思っています。

そう、消費者のそれぞれ矛盾する2つの欲望が切実であれば切実であるほど、それらを解決した時の収穫が大きいのです。

▶シシリアンライス
噂によると昭和50年頃に佐賀市内のある喫茶店がはじめた。一枚の皿に温かいライスを敷き、その上に炒めたお肉と生野菜を盛り合わせ、マヨネーズをかけたものが基本形。時代とともにそれぞれの喫茶店流にアレンジを加えられて現在は市内の定番メニューとして約30店舗で提供(佐賀市観光協会HPより)

PROCESS 5
ブラッシュアップ

そして、もうひとつ重要なことがあります。

観光振興上で、この「消費者が切実にもっている欲望」であるのに、受け入れる側がもっとも気がつかないことがあるのです。それはなにか？

それは、「時間」の観念です。

あ、そうか！と、言われたら気が付いた方が大勢いるのではないでしょうか？

迎え入れる側は、いつもそこにいるので、時間感覚にどうしても鈍くなってしまいます。

一方で、お客さまは「旅行中」です。限られた時間の中でいろいろな所へ行きたいはずなのです。

ですから、受け入れる側は、「限られた時間の中でどれだけ提供価値を濃厚に凝縮し、高められるか？」を考えてみてはどうでしょうか。

これは、人間の「行動」をビジネスにしている観光振興だからこその特徴かと思います。

【case 2】午後からイチゴ

プロセス3でもご紹介した事例です。

千葉市の冬から早春にかけての名物といったら、それはイチゴ狩り。市内では、観光客向けにイチゴ狩りを実施する農家が近年増えてきています。

東京からもほど近く、絶好のイチゴ狩り目的地である千葉市ですが、ひとつだけ課題がありました。それは、イチゴ狩りに出せるイチゴの数に限りがあるということ。朝の開園前に客が並び、開園からまもなくして、入園制限がかかってしまい「本日の受付は終了しました」となってしまうケースが出てきていたのです。

消費者側からすると、

「千葉市にイチゴ狩りに行きたい（ママと子供）」

「朝早く起きるのはしんどい。週末の朝くらいゆっくり寝たい（パパの本音）」

ということになります。

ここでアウフヘーベンの出番です。朝もゆっくり眠れて、しかもイチゴ狩りができるようにすればいいのです。

千葉市では「午後からイチゴ　キャペーン」として、複数のイチゴ生産農家さんの協力を得て、事前に予約して、午後からイチゴ狩りを楽しめる体験型観光プランを『千葉あそび』に掲載、一斉にリリースしました。こちらは、メディアも注目してくれて、千葉市のイチゴ狩り

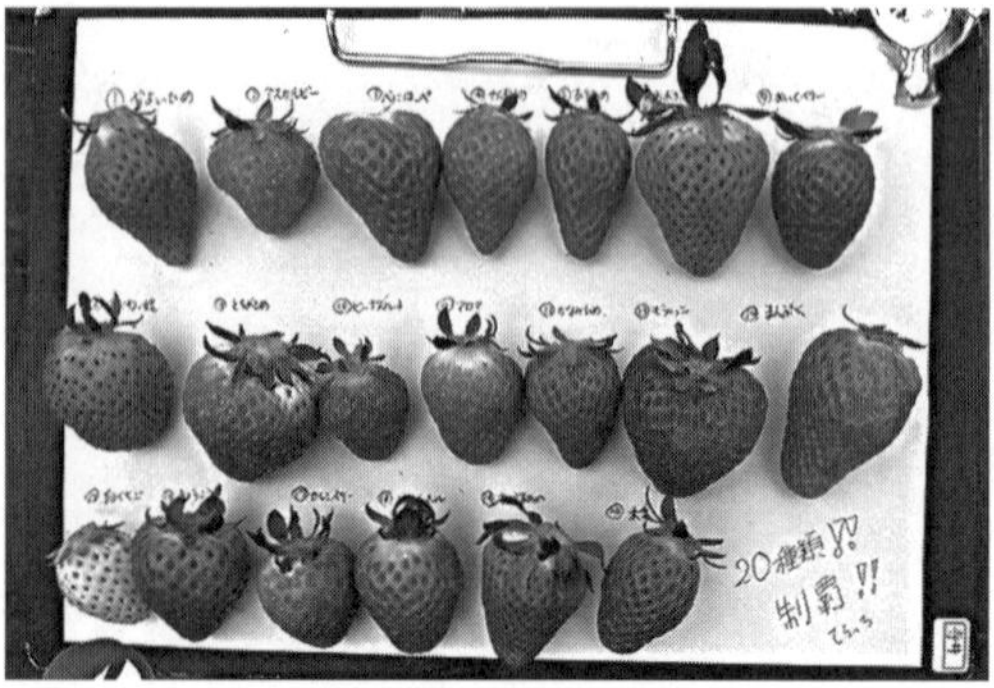

▲千葉市のあるイチゴ狩り農園で提供している20種類のイチゴを総並べ。「午後からイチゴ　キャンペーン」で全体をくくり、さらに「品種が多い」「加工してスイーツを作る」など、それぞれの農園の特徴も出して読者に「選ぶ楽しさ」も提供

の知名度アップにもつながり、今の人気につながる礎となりました。

ちなみに、この「午後からイチゴ狩り」のプロモーションのキャッチコピーは「お寝坊さんも安心！」という謳い文句にしました。このような謳い文句が生み出されたことも、単なる思い付きではなく、アウフヘーベンを意識して作り出した企画だから、そこに人の気持ちに沿うようなメッセージ（物語化）ができたのだと思います。

難しく考えることはないと思います。


消費者の欲求からはじめること。

観光振興の特徴である「制限された時間」を意識すること。


これらを感じながら、ぜひ、魅力発掘&観光振興に役立ててください。

■3 キルケゴールの「関係性」

実存主義という哲学のひとつの方法・考え方を作ったのがキルケゴールです。この「実存」とは、単に「存在する」「そこにある」ということではなく、もっと深い意味を持っています。それは、「そのもの自体が、真に納得するような形でそこにある」ということです。

ただし、この場で私がお伝えしておきたいのは、この「実存」についての説明ではなく、「実存」的な認識が、いかに、ものごとの問題解決に役に立つか、です。

実存とは、「その問題への自らの関係の仕方。そして、その問題へ関係している自らの関係性を見つめる自らの眼差し」を意識する、ということなのです。

キルケゴールは、彼の著作の中で最も多くの方に読まれた『死に至る病』の冒頭の文に、一見奇妙で難解な書き出しをしています。実は私は大学の哲学科時代にこの意味を何度も咀嚼したのですが、結局はあまりわかりませんでした。

ですが、最近、西洋哲学の他の考え方を学んだり、自らが社会人になって30年も過ぎたあたりで知見がたまり、そして、ある方の翻訳に出会い、ついに理解ができたように思います。

「人間とは精神である。精神とは何であるか？　精神とは自己である。自己とは何であるか？　自己とは自己自身に関係するところの関係である。すなわち関係ということには関係が自己自身に関係するものなることが含まれている、それで自己とは単なる関係ではなしに、関係が自己自身に関係するというそのことである。人間は有限性と無限性との、時間的なるものと永遠的なるものとの、自由と必然との、綜合である。要するに人間とは綜合である。綜合とは二つのものの間の関係である。しかしこう考えただけでは、人間はいまだなんらの自己でもない。」（『死に至る病』キルケゴール 著　斎藤信治 訳（岩波文庫）より抜粋）

いかがでしたでしょうか？　易しくはありませんよね。ですが、キルケゴールが言いたいこと、そして彼のこの考え方が、本人は意識したかどうかはわかりませんが、その後の哲学界に大きな影響を与えたのです。

この「関係性」という認識の仕方が、キルケゴールを祖とする実存主義の根幹になくてはならないものでした。この「関係性」という抽象的な形をはっきり認識して、その認識している自分が、「どう認識しているのか」という新たな関係性をも意識して……と果てしなく続くのです。

哲学から我々が学べるのは大きく分けて、「アウトプット」で学ぶ場合と、「プロセス」で学ぶ場合の2つがあります。ことキルケゴールに関しては、私たちは、彼の生涯をとりまく宗教的な問いに向かうのではなくて、ここでは、その難行を行うために彼が求め実践したスタンス（プロセス）である、「関係性を見つけ出し、自己、そして精神さらには人間に迫る」スタイルから学びたいと思います。

Aという要素、そしてBという要素。2つあったとして、AとBの間にあると思われるものがふつうの関係性です。

たとえば恋人同士などがいいですね。

A君とB子さん。そして二人の友人をC君とします。C君から見ると、A君とB子さんの二人は「恋愛関係」にあるのですが、実はA君とB子さんはお互いを愛しているわけではなく、それを本人たちも知っているとしましょう。

だとすると、C君は、この2人をなぜ「恋愛関係」であると見ているのか？　そこでC君と彼が考える「恋愛感」との関係性に着目できるのです。

C君は、自らと「自らが感じる「恋愛関係」というもの」との間に考えを巡らせるようになるといいのです。そこには、必ず「自ら＝主観」が存在しますから、一見関係のないA君とB子さんの関係が、どんどんと自己に引き寄せていけるのです。

かなり乱暴に説明してしまいましたが、言わんとすることはご理解いただけますでしょうか？ A君だけでは、関係性は生じず、B子さんが出現することで初めて、関係性が生じる。そして、それをなんらかの「関係がある」と認めて定めることとなるのは、C君なる人物です。しかし、そのC君も、A―Bの関係に注目していますが、それは、C－（A―Bの間の関係性）との関係性によって意味も、その強弱も幾重にも変わってくる、そういう話なのです。

キルケゴール本人のその後のアウトプットから大きく離れてしまいますが、私はここで、この「関係性」という認識が企画を立てる時に大切であることを述べたいと思います。

「関係する」とは、ある事象を「自分または人間」の方向に「ぐいっ」と引きつけることです。そして、それができたら、その時初めてすべての問題は「人間の問題」となり、解決することで、その関係性の両端にあるものごとに価値を提供することになります。

彼の哲学が、実存主義と言われる理由は、様々な問題と本人との関係性が存在するからに他ならないと思います。（このあたりは、サルトルなど、後の実存主義哲学者の話のほうがわかりやすいかもしれません）。

では、この「関係性」を遡って見つめて行くプロセスで何が変わるのかをお伝えしましょう。

PROCESS 5

ブラッシュアップ

ずばり、それは、「解決すべき「真」の課題（＝より自己および人間にとって的を得ている課題）の発見」につながるということです。

たとえば、お昼休みに近くのコンビニに立ち寄った時、早く飲み物を買って帰りたいのに、レジで行列ができているとします。そして、そのためか、レジが遅いと評判になりお客さんが少なくなってしまっているお店があったとします。すぐ隣のテイクアウトのお店のほうが手際がいいからです。

さて、このコンビニのご主人は、何を課題とするでしょうか？

〈課題……レジが遅い〉

このように人は、眼の前のわかりやすいことを、まずは、課題として考えがちです。

では、コンビニのご主人になったつもりで、自問自答をしてみます。

「レジが遅いことが、なぜ課題なのか？」

「それは、レジが遅いと待っている時間が長くて、人が買い物をしないから」

「では、なぜ待つ時間が長いと、人は買い物をしないのか？」

「それは、時間を浪費していると感じるからだ。貴重なランチタイムだし」

「では、時間を浪費していると感じるのはなぜなのか？」

「それは、レジで並んでいる時間は退屈で、他にすることがないからだ」

「だとすると、レジで並んでいる時間を退屈じゃなくしたらどうか？」

こういうことになるのです。

そして　先の課題「レジが遅い」は、「レジで並んでいる時間が退屈である」と変わるのです。

最初の課題の主語は、お店の店員（オーナーから見た従業員に根拠する事実）です。

そして、自問自答した後の、課題の主語は、「消費者」になっているのです。

この劇的な違いにより、その解決策がまったく変わってきます。

この「関係性」を掘り下げて掘り下げて、自分のほうに引きよせるということ、これが、キルケゴールの哲学的アプローチから学べます。

そう、結局は人間。そして課題の主語がその人間（ここでは消費者）にまでなったら、それはキルケゴールの「関係性」を踏まえたことで「解決すべき課題」にたどり着いたことになります。

さてそれでは、観光振興面で、実際にこの課題探索法をもとにして、ある課題を解決した例をお伝えします。

【case】イベント会場にて

２０１８年、ある巨大なイベントがありました。そしてそのイベントは日を追うにしたがって、「もう終わってしまう」ということで、最後の数日はイベント会場に人が押し寄せたのです。会場となる建物にぐるりと長蛇の列ができ、さらに蛇のようにとぐろを二重に巻くくらいでした。私は、その主催者から、「このイベントを締めくくり、成功を参加者とわかちあいたいので、消費者が楽しめるアトラクションをしてほしい」と依頼を受けました。そのイベントのテーマにあったエンターテイナーを起用して、にぎやかしをということなのです。

しかし、私は、その対象を、イベント会場に入った方に対してではなく、入る前に並んでまっている人にすることを提案して実施しました。

つまり、エンターテイナーに2－3人のチームを組んでもらい、長蛇の列にそって、その外側、または内側を常に2－3人セットで移動しながら、面白いパフォーマンスを行う。そして、あるチームが他のチームとすれ違うと、メンバーをシャッフルして新たな組合せで、また新たなパフォーマンスコンテンツにして、変化をつけたのです。このようにしたので、列に並んでいた方々は、皆多彩なパフォーマンスを楽しみながら入場を待つことができました。

そのイベントの成功は、もちろんこの動きだけが原因とは言えませんが、待ち時間3～4時間という苦痛を、我々のパフォーマンスで十分に乗り切ったという自負はあり、主催者が大変喜んでくださり、その後に同じテーマのイベントがあった時にも「あの時のような役割で」と求められることが複数回ありました。

先のコンビニオーナーのように、「レジが遅い」→「待ち時間が長い」という単なる事実を「（お客が）待ち時間に退屈している」と自らの主観を組み込んだ形に変換する。いかに事実や課題に「主語」をつけられるかということ、「関係性」をつきつめていく自己問答プロセスを身に付け、実存の問題にまで昇華することが、観光振興の場でも必ず役に立ちますので、覚えておいてください。

PROCESS

6 ▶ 試行

2021年2月。新しいメディア空間であるツールSSMR(スペース・サウンド・ミックスド・リアリティ)を導入したまちあるきプランをリリース。従来の歴史観光まちあるきの楽しみを発展させ、コロナ禍下でも実施できる手法として注目を集める(主催:一般社団法人 佐賀市観光協会)

PROCESS

6

試行

• • •

魅力を発掘し、ブラッシュアップし、いざアウトプット！ その段階にまでついにきました。この章では、ここまでのプロセスで「体験型観光プラン」ができたと仮定し話を進めます。

まずは**体験型観光プランの「骨子」と「内容」**の2つにわけて考えると理解が深まると思います。ここで、通常であれば「商品開発」の重要なプロセスである「試してみてその結果からさらにブラッシュアップする」という段階を踏みます。このプロセスにおいては、それは多くの専門家が知見を提供してくれていると思いますので、そちらをご覧になっていただくとして、私は、観光振興ジャンルならではの**「試行の仕方」**およびその際にみられる傾向とその効果的な処置をお伝えします。

観光振興を魅力発掘プロデュースの手法でアウトプットし、試行をするにあたり得たいのは、**「集客力」と「満足度」の手ごたえ**です。そして、どちらもにも共通していることは、観光振興を目的としている場合、目標数字などは出しているものの、何か困難に直面している課題を解決するタイプの事業でもないので、「正解」があるわけではない点です。であれば、推し計るのは、思い描いてここまで形作ってきた物事が、予定どおり提供されているか、だと思います。

ここでは、それをテーマに、「体験型観光プラン」のリリースを控えていると仮定して、教科書的ではなく、観光振興の現場で私自身が体験したり目の当りにしてきたことを実態としてお伝えしたいと考えています。観光振興の面でのテストやモニタリングの現実的な進め方についてです。

【体験型観光プランの「骨子」と「内容」】

話を体験型観光プランのリリースのケースに置いて説明します。体験型観光プランには、商品の「内容（何をするか）」と別に最低限、次のような「骨子」がなくては商品として成立しません。

■体験型観光プランの骨子

「商品名と主催元」
「参加料金」
「設定日時と所要時間」
「最少催行人数と最大定員、催行条件」
「体験場所、集合場所」
「参加の仕方、申込方法と申込み締切と支払の仕方、キャンセルマナー」

そして、「試行」段階では、大きくわけて2つの視点が必要です。「骨子」に問題はないか？という検証（実現可能性検証）と、企画の内容的魅力の検証の2つです。

【試行の仕方】

一般的な試行とはテストマーケティング、モニタリングなどですが、これらは事前に設定した目標を達成するための「正解」を求めるのにふさわしいやり方です。しかし、他の業種の商品開発などが「正解」を求める目的で行うのに対して、「体験型観光プラン」の場合は、参加者の意見をもとに、「より良くする」などいわば「改善点を見つけて改善する」ための取組みと考えたほうが実際的だと思います。なぜならば、「体験型観光プラン」には正解があるわけではなく、「経済効果」やそれの元となる「集客数」などにしても、あくまでも主催者側が決める「目標値」であるわけですから、その目標値を達成するにせよ不達成するにせよ、そこで、何かを変えるかどうかは、慎重に考えたほうがいいからです。

私がお薦めすることとは、考えられる最高の満足を得るために、この「試行」の段階より以前の「ブラッシュアップ」などの段階で、前述している「10人マーケティング」などで、作り込みを可能な限りしておくこと。そして「試行」フェーズでは、文字通り、プランそのものの設定日の第一回目をモニター回として実施することです。

また、その際は、モニタリングと構えるのではなく、すでに「本番」の第一回目としてとらえたほうがいい。そうでないモニタリングやファムトリップなどは、「まだ試作段階ですから」

という言い訳ができて、厳しさが足りなくなっていくケースを私は多く見てきました。さらに、そのようなモニタリングは、実際のターゲットとしてキャラクタライズを経た相手ではないケースが多いので、そこで意見を得ることで、逆にコンセプトがぶれてしまったりします。それよりは、実際に編み出した集客手法に則って集客すれば、「どのくらい人が集まるか？」という感覚もわかりますし、そうして集まった参加者は自腹を切っているわけですから、当方に忖度するようなコメントはないはずです。これが、「無料でご招待」としたモニタリングの場合だと、その参加者はどうしても評価を甘くしがちです。そして、「本来自腹を切ってまで参加するかどうかわからない人で、かつ当方が考え抜いたキャラクタライズとは違ったターゲット（たとえば国籍や居住地や年齢、性別くらいが同じという緩い理由でだけで選ばれている方）の人の甘すぎる評価を得ることで、プランそのものの自己評価を誤ってしまうのです。

むしろ、第一回を、メインの催行期間よりも少し前もって実施することで、得た意見を反映させ修正できるようにしておき、さらに、その時には、通常のお客さまに加えて、メディアを招待するといいと思います。メディアを招待するメリットは、

・メディアの記者は魅力がないと書かない ＝ 客観的な評価が得られる
・もし書いてくれたら、それはＰＲとなり、次回以降の集客につながる

ということです。そのほうがずっと効果的です。

また、実践第一回目の開催日にモニタリング機能を持たせるメリットとして、次の２点があ

ります。

・余計なコストがかからない

〈理由〉モニターツアーだと基本すべての経費は主催者がもつようになります。その点、第一回目の実際のツアーだと、特別な負担はなく、むしろ売り上げを得られます。

・特別な準備などをする手間がはぶける

〈理由〉もしモニターを募集するのなら、そのための告知もしないといけません。当選落選の連絡もしなければならず、特別な手間およびそれをする時間も必要になってきます。大体急いでも、1か月はかかるでしょう。つまり、本番の開始を、1か月も遅く設定しないといけません。観光の場合、「季節」感が重要な魅力になるケースも多いので、この1か月のタイムロスにより本番プランのための十分な募集時間がとれなくなってしまうこともあるのです。

【得たいのは「集客力」と「満足度」の手ごたえ】

モニター機能を「第一回目の実際の設定日」に持たせることで、「満足度」はもちろん、「集客力」も検証できるメリットを大切に捉えてください。そのためには、アンケートに参加者の参加意向が、何を見て、どう感じて、どのように醸成されていって、複数ある設定日のうちどうしてこの日（初日）を選んだかまで聞けるのです。

アンケートなどではなく、できれば、プランの最中のお休み時間や団らん時間などにその場でインタビューをしてしまいましょう。（特別にお礼の品として記念品やおみやげなどを出してさしあげればいいと思います）。聞きたいことをすべて聞いてしまうくらい力を込めてください。

また、「満足度」についてのおすすめは、満足度を10段階にわけてアンケートをとることです。そして、この10段階のうちの最高ポイントとその次のポイント（10と9）をつけた方の比率が全体のどのくらいかを見るのです。ここに○をつけてくれた方は、プラン参加後に友人などへ「おすすめしてくれる」可能性が高いため、いわば、「推奨度」がわかるのです。この「人に勧めたくなる」ところまでプランの完成度が高まっていれば、今後の発展継続に光明が見えてきますから、今後のPR戦略とその規模（PRする頻度やかかる費用）などもある程度想像ができます。

PROCESS

7 ▶ 集客プロモーション

千葉シティ5BEACHエンジェルスを抜擢した『千葉あそび』表紙の数々。彼女たちの存在が従来風景だけになりがちだった「観光パンフ」を大きく変えた。冊子作成のための現地での撮影を「読者に替わって先取りする最初の体験機会」と価値を持たせ、彼女たちの「口コミ体験情報」も掲載。プランの中身をより実感をもって紹介する狙い

PROCESS

7

集客プロモーション

• • •

このフェーズも、**様々なやり方**があると思いますので、あくまで私が実践してきたことを、古くはリクルートの求人広告時代から九州じゃらん編集長時代、そして、佐賀、千葉で一定の成果を上げられた実績のみを例として、そこからメソッドを抽出した形で紹介したいと考えています。

まずは、集客戦略の基本軸をターゲットにおくことです。その際の**ターゲットの分け方**に注意が肝心です。

そして、私が特に注意していることは、この集客プロモーション上の戦略を実現するために、ふだんから実施しておくべき**表現上の「仕込み」部分**と、**表現方法の鉄則を順守**するということです。そして、たとえば**「固有名詞に注意する」**、打ちだし方などソフト部分での様々な要諦です。なぜなら、観光プロモーションは独特な分野で、専門家が勧める手法でも、「あまり好ましくないやり方」である場合も沢山ありますし、逆にこのプロセスを踏んできたからこそできる「オリジナルで効果的な」プロモーション方法も存在するからです。

PROCESS 7

集客プロモーション

【様々なプロモーション】

通常、プロモーションは大きく4つに分けられます。

■広告
■広報
■セールスプロモーション
■人的プロモーション

魅力発掘プロデュースを実践して観光集客戦略をとった場合のそれぞれについて記します。

■魅力発掘プロデュース×広告

ここまでのフェーズで具体的に商品を作ってきていますから、広告の目的は、ずばり「アクション」をさせることです。そこに目的をしっかり定めて、具体的にアクション効果があるかどうかを検証できるような広告商品を選んでください。

気をつけたいこと

たとえば広告代理店などから「ブランド喚起」という名目で、イメージを訴求する広告を提案されることも沢山あると思いますが、はたしてその実質的な効果は何によってはかるのかを、十分にヒアリングして、納得できるのであれば、されてもよいと思います。また、ネット上の広告などは、ＰＶ（ページビュー）数などを実績として紹介されるケースが多いのですが、そのＰＶの数ではなくて、何をどうしたらそのＰＶを勝ち得たのかという、過程における工夫ポイントをしっかり把握することが大切です。

広告の種類

・**純広告……**スペースで掲載料金が決まっており中身は自由に表現できるのが一般的。

・**フォーマット広告……**見やすさや制作のしやすさなどを担保するために、メディアがフォーマットを決めている広告。純広告より廉価で掲載までのスパンが短くできるケースが多い。ただし、フォーマット次第で効果の多寡が左右されるので、フォーマットが、どれだけ自社商品のメリットを訴求できる作りになっているかをチェックしておきたい。通常のフォーマット広告もあれば、メディアが特集などのために特別にフォーマットを作るケースもある。

・**ペイドパブリシティ……**通称「ペイパブ」。そのメディアにあわせた記事のような体裁をとっている広告。通常はどこかに「ＰＲ企画」などとうたっている。純広告に比べて、情報をしっかり読ませることが必要な内容に向いているが、ライターの力量に左右されることが大きいのも事実。時に三人称表記で紹介し、客観的評価を喚起することにも適している。

・タイアップ……ペイドパブリシティと見かけは似ているが、より「編集部」サイドのイニシアチブが大きい商品。そのメディアの編集記事の一部として表紙などで取り上げられるケースもあり、見方を変えれば、編集部がそのテーマについて編集記事を作りたいが予算が乏しいため、資金援助をしてもらいたい、というオーダーからはじまった商品企画とも考えられる。その分、掲載料金も安価。作り手は、上記「純広告～ペイドパブリシティ」が広告制作部門であるのに対して、「タイアップ広告」は編集部門が担当しているケースが多い。

料金は、同じスペースとして高い順でいうと純広告＞ペイドパブリシティ＞タイアップで、フォーマット広告の掲載料は様々でしょう。

地域資源をブラッシュアップして、観光商品に作り上げる本書のここまでのやり方でいけば、おすすめは「フォーマット広告」や「タイアップ」。いずれも、コンテンツの中身がしっかり伝わる形であり、「純広告」や「ペイパブ」によく見られるデザイナーによるデザインやライターの力量などで効果が左右されるギャンブルは避けたほうがいいし、誇張する必要はないと思うからです。

■魅力発掘プロデュース×広報

本書が最もお薦めする集客プロモーションの手法が「広報」です。理由は次の2つです。

■お金がほとんどかからない点

■広報先はメディアが中心となり、メディアを「真の意味で」巻き込むことができる点

広報は、その商品の価値を世の中に伝える手法のひとつで、その段階では広報した先のメディアが掲載するかどうかは担保できません。私たちは、メディアに「掲載」をお願いするのではなくて、メディアが「面白い」「掲載するのに価値がある」と感じてもらえるくらいになにかしらの魅力をそもそも作っておくべきでありますし、本書ではそのためのノウハウをここまでお伝えしてきました。プロセス5の「仕上げの三大スパイス」の「驚き」の部分（196ページ）で説明したことを思い出してください。ここができていれば、メディアも興味をもつはずです。

効果的な広報の仕方

観光振興の場合、その成否はその地域にとっての関心事であります。つまり、一企業ではなく、地域全体の問題であるため、地域のメディアには比較的掲載されやすいです。また、大き

な特徴として、私たちがやっている観光分野は基本的に「楽しい」ことなので、メディアの担当者が「自分も参加したい」と思って主体的に記事作りをしてくれるケースも多いのです。

プレスリリース

最も基本的な広報は、プレス向けにリリースをお送りすることです。送り先は、直接メディア発行元に「こんな内容のものをお送りしたい」と電話で問いあわせして教えてもらった送付先に送付することから始めるといいでしょう。

また、行政や行政の外郭団体などは記者クラブにパイプをもっていて、定期的に記者会見をしていたり、新聞社やテレビ、ラジオ局向けに役所内に情報ポストを設置していて、そこに紙資料の「投げ込み」をしているケースもありますから、行政などが商品企画に絡んでいる場合は、それを積極的に利用させてもらえるように働きかけてみてください。

また、事前にその商品を作る過程において、行政やメディアから「後援」などをとっておくと、さらに広報面でも便宜をはかってもらいやすくなることも多いので、ぜひトライしてみてください。

プレスリリース作成上のポイント

おすすめは目的をはっきり伝えることです。「告知してほしい」のか、「一回目のプランに参加して、よかったらその経験をもとに書いてほしいのか」などです。前の章でも記しましたが、ぜひ「一回目のプランにご招待」するといいと思います。そして、その際にしっかり関係性を築き、次回以降にも関係性を持続できるようにしたいものです。

また、私の経験では、新聞の場合、どんなにプレスリリースを上手に作っても、なかなかそれだけで正確な記事を書いてもらえるケースは少ないですし、プレスリリースだけで書かれてしまった記事などは、その目的（集客）をかなえるほどの十分な記述がされないケースがほとんどです。ですから、そのリリースを出したら、なんらかの方法で、そのリリースの追加情報を記者さんに渡せるような機会を作るといいと思います。

狙いは、地元メディアと大手メディアの支局

プロセス１「情報収集」の**昼夜問わずのコミュニケーション**でも記しましたが、地元メディアで働いている人々は当然ながら「地元をもっとよくしたい」という思いがベースにあります。また、大手新聞社の記者さんなどは、人事異動などでたまたま縁があってその土地に期間限定でいる方ですから、「自分がいる間に新しくはじまったものを応援したいし、地元のためになりたい」と考えています。また公私ともに「地元の魅力を知りたい」と感じている方が沢山いるのです。こういった方たちとあなたの志は似ているはずです。ですから、ぜひ、一緒に地元を盛り上げる仲間として、お付き合いしていただくといいと思います。

PROCESS 7

集客プロモーション

私の例でいうと、佐賀で私は魅力発掘プロデューサーとして、ある通信社の記者に出会い、その数年後、千葉で私が観光課の課長の時に、彼も偶然転勤で来ることとなり、再会したことがあります。その後、彼は様々な商品発表の際には必ず駆けつけてくれました。千葉市の外国人向けの観光戦略を打ち出した時などは、間接的に応援してくれて、同市の戦略が世界中に向けて配信されたこともあります。

地元メディアとつながる集客以外の価値

もうひとつ極めて大切なことを申し上げておきます。地元メディアに取り上げられると、単に、集客効果だけではなく、地元における理解が深まる、さらにその中から協力者が生まれる可能性があるということです。

あなたが作りだしたプランが、仮に訪日外国人向けだとしても、地元のメディアに紹介することは意義があります。なぜか？　それは、協力者が見出され、場

2014/5/22　FEATURE: Chiba city seeks to build Japan's first Muslim-friendly hub | Kyodo News

Japan's Leading News Network

KYODO NEWS

AROUND THE GLOBE, AROUND THE CLOCK

CATEGORY

- Economy / Business
- Focus / Feature

17:42 22 May 2014

FEATURE: Chiba city seeks to build Japan's first Muslim-friendly hub

By Keisuke Iwata

CHIBA, Japan, May 22, Kyodo

The city of Chiba is seeking to become the Muslim-culture center in Japan, aiming to attract a booming number of Southeast Asian tourists to visit and stay in the city.

The move led by the municipal authority has been prompting businesses in the city, some 30 kilometers east of Tokyo, to attain "Japan's first Muslim-friendly facility" status in respective sectors.

Japan's first halal-certified food-processing facility opened in January in the Makuhari area, central Chiba. The operator Sato Chohachi-Shoji Co., a Tokyo-based food trading firm, said the plant is currently working on research and development for commercial production to begin in July.

A few hundred meters away from the plant, privately owned Kanda University of International Studies opened a Muslim-friendly cafeteria earlier this month as the first of its kind among Japanese colleges, while retail giant Aeon Co.'s new flagship mall, opened last December at a nearby site, has a prayer room for Muslim shoppers, marking the first such facility in its domestic network of 135 outlets.

The efforts by the local private sector came after certifying body Nippon Asia Halal Association relocated its headquarters from Tokyo to the city last September.

▲千葉市が日本で初のモスリムフレンドリーシティを指向し始めたことを報ずる記事。共同通信社により全世界にデジタル配信された（2014年5月22日）

合によっては、新たな企画がそこから始まるからです。プロセス1でも申し上げましたとおり、いまや観光振興は「地元の総力戦」です。一部の観光業者だけの仕事ではなくなっており、住民も事業主も行政も学生もすべての方々が主催者側に立てますし、お客さまにもなります。そして、ある時は主催者の協力者、ある時はお金を払って参加するお客さまになるのです。そういう方が一番多くいるのが、ご近所、つまり地域社会です。地域社会からの理解を得て、さらに企画を強めて行くには、まずは地元への広報が必要で、そのためにまずは地元で見られている、読まれているメディアを最優先してください。ちなみに今の全国的な情報サイトなどは、地元のメディアから情報を吸い上げていますから、地元でブレイクすれば、そのまま全国サイトのトップニュースになることもあります。私も生み出した企画が、千葉でも佐賀でも、ともに全国サイトのニュースになったり、人気番組で取り上げられたことがありますが、いずれももとはといえば、地元メディアに情報を発信したことがきっかけでした。

ビジュアル要素の提供

リリースを出してメディアに掲載してもらう時に、より大きく紹介してもらうためにやっておくべきことが1つあります。それは、ビジュアル要素を用意しておくことです。その商品を紹介するビジュアルを予め撮っておき、その写真をメディアが掲載できるようにしておきましょう。

PROCESS 7

集客プロモーション

■魅力発掘プロデュース×セールスプロモーション

セールスプロモーションは、販売促進のことで、よく「販促」と言われています。商品を売るために様々なツールや機会を活かすことで手法は多岐にわたります。この章では、「人的プロモーション」と区別して記します。

具体的には、自社メディアでの打ち出し、商品パンフやチラシの製作やその活用方法（イベントや商談会での活用）、または企画モノとしてスタンプ企画、キャンペーン企画、コラボレーション、ファン獲得のための施策などなど。

セールスプロモーションで大事なこと

最も大切なことは2つあります。

・孤立無援になっても、費用対効果は死守する

ひとつは、費用対効果をきちんと事前に考えておくこと。そして、効果がないとわかれば、なるべく早く撤退することです。セールスプロモーション（以降SP）は、ご覧のように様々なやり方があります。逆にいうと、選択肢が多すぎるのです。一方予算は限られているはずです。ですから、ちゃんと効果を見極める姿勢がきわめて大事になります。なぜなら、観光業界は、それを専門としてやっている旅行会社やキャリアは別として、それ以外では、この面がおろそかになってきた業界だと感じています。つまり、あなた一人がここに神経を張り巡らしていても、周囲が従来の惰性でそういうマインドが培われることなくやっているケースが多いのです。すると、あなたはたった一人で孤独な立場になるでしょう。効果が出なくても「とりあえず予算を使い切ればいいや」と考えてその結果企画自体が変にバブルになってしまい、効果が見えずに「とりあえずやったよね」と終わってしまっているケースを数多く見てきました。お金をかけるなら、最低限かけた分以上は効果を獲得すべきなのです。それが大原則ですから、かりに初期費用回収が一度ではできなくても、リミットは決めておきましょう。他の業界では当たり前のことです。この認識がないと、たとえば行政の補助金などを頼って、結果的に補助金が無くなったら企画もつぶれる、ということになりかねません。ＳＰこそ、効果を厳しく見つめていきたいものです。

Ｗｉｎ－Ｗｉｎではない、ハッピートライアングルを

ふたつめは、「美味しい話」に見境なく飛びつかないこと。これは、コラボレーションなどの時です。「一人でも多く集客したい」と考えると、どうしてもコラボの話は魅力的に感じます。しかし、ここで「本当にそのコラボに乗った時に、何が得られるんだっけ？　そもそも何をどうしたいからこの企画をしてるんだっけ？」と立ち返れるかどうかが重要です。その際に、思い出してほしいのは、「提供価値」です。「この商品企画（体験プランなど）に参加したら、参

加者は、どういう喜びを見出すんだっけ？」ということに立ち返ってほしいのです。そのために、どんな戦略をとってきてここまでやってきたか、そして、その戦略をより強化するような延長上に、このコラボはあるのか？と考えてほしいです。その際には「ビフォー→アフター」をイメージすると判断の助けになると思います。

私の例をお伝えしましょう。私は、このてのコラボの話が持ち込まれた時に、危険視するのは、その相手の口から「Ｗｉｎ－Ｗｉｎ」という言葉が発せられる時です。Ｗｉｎ－Ｗｉｎとは、当方と相手方の双方にメリットがあるという意味です。しかし、そもそもその枠組みで欠落している視点があります。それは、我々がサービスを提供する相手、つまり「お客さま（観光客、旅行者）そして、受け入れる側の主催者、事業者、地域」のことです。Ｗｉｎ－Ｗｉｎだと、どうしても、その視点が欠落する。それよりも、「ハッピートライアングル」を考えてください。これは、リクルートで普通に使われている言葉ですが、「消費者も事業者も、そして我々リクルートも幸せになる」ということです。実は江戸時代に近江聖人と言われた中江藤樹が「三方よし」という言葉で同じ概念を言っています。コラボがもちかけられると、この「お客さま（消費者、事業者）にとってのプラス」がゆがめられていたり、不在だったりするケースが多いのです。

私の場合は佐賀で『幕末・維新　佐賀の八賢人おもてなし隊』という佐賀の8人の賢人の業

績をもとに「佐賀の歴史と誇りを後世に伝える」ことを主旨としている歴史寸劇ユニットのブランドを作っておりますが、持ち込まれたコラボの多くはお断りせざるを得ないのが実情です。全国的に有名な飲料メーカーや地元のお菓子メーカーもそうだったのですが、八賢人の冠をつけて新商品を販売したいという相談。私が断らざるをえなかったのは、それらがいずれも、同じ商品に8人のイラストをつけた、いわば「パッケージだけ8種類」作って「中味の味わいは全部同じ」だということだったからです。それだと、8人のそれぞれの個性が出ないわけですから、お断りせざるを得ませんでした。

ご参考までに、左ページに掲げたのは、私が逆に地元のお弁当やさんにコラボをもちかけてできた、お弁当です。幕の内弁当なのですが、それぞれに8人の賢人やその業績にちなんだ食材と料理を史書を調べたり、有識者に助言いただいて作られています。「義祭弁当」といいます。これなら、お客さまも、それぞれの賢人の業績や人となりを感じながら食べられるのではと思います。つまり「ハッピートライアングル」が成立するのです。

またロケーションサービスとして、ドラマや映画やCMに協力依頼をされるケースも出てきます。大抵の場合は、有名なタレントがやってくると、受け入れる側はちょっと浮かれて、「ぜひ受け入れよう」という高揚した気持ちになってしまいますが、先に述べた「費用対効果」および、この「ハッピートライアングル」の面から内容をしっかり吟味して、コラボするかどうかを決めるべきかなと思います。

集客プロモーション

▲佐賀市県庁通り商店街のお弁当屋「林檎亭」さんのご主人と地元在住のディレクター、歴史研究家と一緒に2012年に作り上げ、今も注文を受け付けている。会合やイベント、観光業界関連の方の導入研修などにもニーズがある。覆い紙では、その食材と賢人のエピソードを記載。大隈重信が好きだった「まるぼうろ」や江藤新平の秘話にちなんだ「あめがた」など、史実にちなんで賢人の好物などを盛り込んだ（林檎亭0952-23-2788）

■魅力発掘プロデュース×人的プロモーション

人的プロモーションは、文字通り、生み出した商品にかかわる人の具体的な行動で商品の販売につなげる手法です。一般的には、いわゆる営業活動全般があたりますが、本書では、それらの中でも、観光業界特有だけれど、ほとんど実施されていないとっておきのやり方をお伝えいたします。

プロモーションの担い手を設定する

魅力発掘プロデュースによって進められる観光振興に特有のチャンスとしてあるのが、プロモーションの担い手を設定することです。しかし、これは意外に盲点となっており、私の経験でもほとんどの企画担当者が気づいておりません。そして、大抵の場合、それを私が指摘すると「なるほど」と思ってください ます。

プロモーションの担い手を設定するということは、プロモーションの機会を増やすことにつながります。良い例が、「友だち紹介キャンペーン」などです。これなど、うまく機能すれば、クチコミでどんどん情報は流布されるはずです。

しかし、ここで私が申し上げたいのは、それ以前の問題です。つまり、そのプランの企画計画立案および実施に携わったすべての方が、プロモーションの担い手になれないか、それぞれの立場で検討してもらうのです。良くない例としてありがちなのは、大企業みたいに、「プロモーションはプロモーション担当部署の仕事」としてしまうことです。企業なら確かにそれも役割としてありでしょうが、私たちは特殊な機械部品を売っているわけではないのです。余暇活動でダントツに人気の「旅行」関連の企画を売っているのです。ですから、紹介されても、それが強引でなければ嫌がられることはなく、むしろ、感謝されるのです。

では、そのように「感謝したくなる人」、つまり最もそのプランに参加したくなる人はどういう人だと思いますか?

ずばりお答えしましょう。それは、「その主催者の商品やサービスをすでに使っている人」です。

つまり、どんなプロモーションより優先したいのは、主催者の既存のお客さまです。イメージでいうと、主催者が店舗などを持っている場合は、その店舗で、来店したお客さまにチラシをわたしたり、ポスターを貼ったり、店員が直接すすめたりすること。これが最も成功率が高いでしょう。かりにその方が常連(ファン)だとしたら、あらたな楽しみが増えるわけですから、本人にとってもうれしいですよね。もし、その主催者が友の会などを作って定期的な情報発信をしていれば当然それを利用して、主催者さん自らが集客を「自分ごと」として前向きに検討できるように働きかけることが肝要です。

本書が記してきたここまでのプロセスを実践してきたら、たいていの場合はそれまで提供していた商品・サービスとは違った魅力がそのプランには内包しているはずです。うまくつながれば、今後常連さんの新たな楽しみとして定番化さえ可能かもしれません。

さらに、主催者が、自分が属している同業者の集まりなどの機会に紹介できるようにフォローできるといいはずです。具体的には、チラシをあなたが作ったら、その原本（ＰＤＦ）などを、自由に使えるように皆さんに渡しておくのです。

主催者がＰＲに能動的となった『千葉あそび』

千葉で実施した体験型観光プラン集『千葉あそび』においては、私は、最初の最初、主催者選定の際のチェックポイントとして、「プランができたらあなた自身はどのような集客ＰＲができますか?」という質問項目をセットしておき、あらかじめ書いてもらっています。これは、「ブランドは編集部が作りますが、その集客はあなた（主催者）をはじめ皆で取り組んでいくことになりますよ」という強烈なメッセージとなり、ここで主催者は、（観光振興ではありがちな）他人まかせのスタンスから目覚め、自ら嬉々として考えるスイッチが入るのです。つまり、成功のイメージを自らが築き上げて行くという能動的なスタンスが培われるわけであり、それが良い意味で、やり甲斐につながり商品の企画立案面にも影響を与えます。それを後押しするために、前述の質問項目には、例示として、「（例：商店組合や事業者組合の月例会での案内、同業者や仕入れ元への紹介、店舗でのお客さまへの説明など）」とまで示唆しています。

PROCESS7

集客プロモーション

ちなみに『千葉あそび』では、冊子が完成し、応募開始前に「キックオフ」と称して、主催者さん全員に集まってもらい、集客から満足率UPまでのレクチャー&共有をする機会を設け、その際には、主催者個々人に「集客してもらいたい人数」を「目標です」としてお渡ししています。そして、その際には、その目標人数の算出の根拠までお伝えしています。たとえば、「集客目標は100人お願いします。このうち、70人は、○○で、30人は、御社が独自に集めてくださることを想定しています。30人という根拠は、最初にいただいたヒアリング用紙に書かれていた、メルマガの会員数を計算にいれていること、そして店頭でのお客さまへの案内による集客を見込ませていただいております。より効果的にできますように、本日、チラシと店頭用のポスター、そしてリリース文を加工して使っていただけるようにメールで送付させていただきます」とお伝えします。その反応としては、「もっと集客するぞ」と意欲的な発言をしてくださったり、「プロモーション」を通して集まった主催者の間に連帯感や協働感が、めきめきと芽生えてくるのがわかります。

▲筆者がリクルートの旅行情報誌編集長時に培った「部数拡大、効果促進」方法をもとにした『千葉あそび』の効果アップ術。どのプランをどうPRするかを官民混合編集チームが毎週集い実践。効果アップのための多くのナレッジをメンバー全員で体感する

強力な情報発信の担い手を生み出す

先にお伝えしたのが、「関係者を情報発信の担い手にする」だとしたら、こちらは、「情報発信の担い手をあらかじめ養成して出動させる」という作戦です。私が千葉市で組織してもっとも活用したのが、「千葉シティ5ＢＥＡＣＨエンジェルス」でしたので、それを例にして記します。

千葉シティ5BEACHエンジェルスについて

２０１３年４月に観光プロモーション専門の担当課長として千葉市に入所した私は約半年を経て、次の５つの課題を感じました。

・人口97万人の巨大都市千葉市は、市としてのアイデンティティよりも自分の住んでいるエリア（区やまち）のほうに心理的比重が大きい。一方で「千葉市」の「市」を省略して「千葉」と呼ぶケースが多く、地元の人ではそれで通じるが、他県からすると、「千葉の観光」のイメージは、南房総の海や自然といった「千葉県」の方が強い

・当時の熊谷市長（現千葉県知事）の戦略では、市の観光において、まずは「海辺」を推したいという意志が強く、「千葉市には海辺がある」ことをプロモーション上の核にすべきだったが、一方で、千葉市の海辺は南北に長く、それぞれのエリア（幕張や、稲毛、蘇我など）で海辺の成り立ちとその魅力がそれぞれ異なっていた

PROCESS 7

集客プロモーション

・プロモーションをするにあたり、県と市の名前が同じであるため、市の魅力を訴求しづらい。とりわけ海辺を訴求するなら、「千葉の海」と言えば、千葉県の南房総、外房のイメージが強く、千葉市の都会型の海辺にとってプラスにならない

・比較的歴史の浅いエリアなので、住民にとっての「地域（それぞれの海辺）」の誇りを創出する余地がまだまだある

・体験型観光プランを紹介するにあたって必要不可欠なビジュアル＆ルポを担える役がいないため、市の作るパンフレットは、風景写真などしか入れられてない

そしてこれら5つの課題を解決するために組織したのが、千葉シティ5ＢＥＡＣＨエンジェルス（以降エンジェルス）で、２０１４年6月に誕生しました。

千葉市の５つの海辺（北より「幕張」「検見川の浜」「いなげの浜」「千葉みなと」「蘇我」）にわけて、その地域のために貢献したいと思っている方を市民から募集。それぞれの海辺の代表として、または5人揃えばユニットを組んで「千葉市」の代表として、イベントなどでＰＲ。さらには、体験型観光プランのモデルや、観光協会のＨＰ上に設けた毎週更新の魅力を発信するブログの書き手として、1年限定で活躍していただく5人を選んだのでした。

他のまちでは、いわゆる「観光ＰＲ大使」でありましたが、公開オーデションを終えて、選出された5人の初顔合わせの際に、「自分たちで愛称をつけよう」と提案し、結果「エンジェ

ルス」という名前に決定しました。当時、千葉市は市全体の観光PR大使がいなかったため、実質的に市全体の観光PRの担い手として、彼女たちは大活躍。地元を訪れると、涙を流して歓迎してくれる人も出るほどで、観光以外の行事にも司会や、通訳などにひっぱりだことなり、充実したユニットとなりました。

当時は、ゆるキャラブームでしたが、私は「体験した人だけが「自分の言葉で」語れる価値」に重きを置いていたため、ゆるキャラは最初から考えませんでした。むしろ「ゆるキャラ」ではできないようなポジションが必要だと。先の「広告」の種類でいえば、ゆるキャラが「純広告」だとしたら、エンジェルスは、「タイアップ広告」のようなポジションだと思います。

彼女たちは、その後、千葉市の観光プロモーション施策の代表ともいえる「千葉あそび」の表紙から、1つひとつのプランのモデルを演じ、さらに「撮影時に体験」することを必須としていたため、そのプランの体験第一号者として生声を通じて、テレビやラジオで発信。紹介し

▲合言葉は「ドラマが生まれる海辺にしよう！」で2014年初夏に発足。5つの海辺それぞれのテーマカラー、コンセプトなどからその海辺にふさわしい候補を、地元代表の審査員らが公開オーデション審査会を経て選抜。各海辺の魅力を多方面でPRしながら現在に至る

たり、ブログやインスタなどにも体験談を楽しく紹介してくれました。ちなみに任期を最初から1年としていても、翌年も応募してくれるなど、彼女たちの地元愛とこの役割にかける情熱は満ち溢れていて、その後、任期が終わってもある方はアナウンサーになったり、ある方は歌手になったりして、地元千葉の魅力をそれぞれの立場で伝えてくれていることに感謝の念が絶えません。

このように、情報発信者を別に立てて、企画商品のＰＲの担い手とすることも1つの効果的な打ち手かと思います。

PROCESS 7 集客プロモーション

【ターゲットの分け方】

集客プロモーションにおけるターゲットの分け方について。プロセス3の「ターゲットイメージの想起」部分を前提にターゲットを細分化して、キャラクターとして特定人物がイメージできるくらいまですることが必要です。

では、それらの方に対してどうアプローチすればいいのか？　をお伝えしましょう。

そのコツとは、「最初の一人をつかまえる」ことです。

いわゆるインフルエンサーの存在が最近取沙汰されていますが、私が言っている「最初の一人」はそういうことではありません。なぜなら、今の「インフルエンサー」は、商品価値を心の底から実感している方、というよりも、「ビジュアルのともなったトレンドリーダー」的に見えるからです。そして、インフルエンサーと、そのオベイヤーが、本当に「商品価値」を共有しているというよりは、「インフルエンサーそのものの魅力」についているように思えるからです。そして、いったん広告代理店などがそれら自然発生したものを採り入れると「あざとく」なってしまうことが常なのですが、すでにインフルエンサーの活用などは、もうこの業界にも蔓延していて、その土地の魅力をしっかり発掘して商品化した結果をお伝えしうる担い手として本当に見合うかというとそうとは思えないのが私の正直な感想です。

私がここで言っている「最初の一人」とは、その魅力を切実に感じて、そして必要としている方です。

これは、経済学の考え方のひとつなのですが、いわゆる「限定価値」が高い人です。限定価値とは、空腹の人と、満腹な人とで、目の前のお食事を食べたい「欲求」の切実度は違いますよね。その切実度合が強ければ強いほど「限定価値」が高まるということです。「最初の一人」とは、この限定価値が高い人です。そして、それを実現するには、「不満の不の解消」というイメージをもっておくといいと思います。

プロセス3「ターゲットイメージの想起」の求人広告のコピーライティングから学んだ点で述べている、髪を切れないでいたモスリムの女性などが典型的な例です。このような人ほど、

PROCESS 7

集客プロモーション

「ボールを遠くまで投げられる」のです。つまり、切実度が強いので、同様の方へより強くご紹介いただけるのです。

■最初の一人のつかまえ方

このての募集型の基本は、「広く網を張りつつ、一本釣りもしかけておく」ことです。広い網とは、一般募集、一本釣りとは、身近な縁故をたよることです。

具体例）ターゲットはインバウンド。なかでも台湾からのお客を取り込みたい時

↓

基本方針）台湾と自分（及び地元）との関係性を徹底的に調べる

つまり、自分が台湾を「求愛」しても、台湾側からみたら「その他大勢」の一人であるという認識からスタートし、いかに「スペシャル」な立場になる可能性があるかを調べるのです。

これは魅力発掘プロデュースの基本の最初の3ステップにも一致する、①「自分を知る」↓②「相手を知る」↓③「相手と自分の関係を知る」を実施することです。

台湾のどこから連れて来たいか？（これによってアクセスが変わります）

その方々は今どこに行っているか？（たとえば同じ系統の魅力を有した隣県とか）

その方々のうち、特に自分に興味を持ってもらえる小集団はいないか？（その隣県とは違っ

たオリジナルな関係性はないか?)

ここまで考えていくと、より具体的なイメージがつかめます。

一方で、具体的な糸口さがしもやってみてください。たとえば、

「そういえば、地元の有名企業が、台湾の会社と連携しているってニュースで聞いたな。その方にまずはアプローチしようか」

「そういえば、市の姉妹都市が、台湾の○○市だったな。市の国際交流課には、その市から派遣されている台湾の職員がいるって聞いたな」

「台湾から来ている語学留学生が多くいるな。そこの日本語学校に話を持って行くのはどうだろう?」

など、ネットで検索したりして、どんどん縁故を探って行ってみてください。最初の一人は意外にすぐ近くにいることがあるのです。

【表現上の「仕込み」部分】

地域資源の魅力を発掘し、ついに体験型観光プランなどの観光商品にまとめあげたとして、次はどうその魅力を伝えるか、です。基本的に、手法はビジュアルとテキストです。ビジュア

ルの代表は動画と写真、テキストは、紹介文ですが、商品の現場で行なっておくべきことを記します。

■表現方法の鉄則を順守

いざ、取材撮影してきたものを表現に落とし完成させるのですが、その際に「効果」を劇的にかえるポイントをひとつだけお伝えします。

それは、「写真」にキャプションを入れる、ということ。これだけです。

理由は、通常の記事の構成要素として

・サブタイトル
・タイトル
・リード
・本文
・コラム
・データ

などがありますが、このどれもが、ビジュアルとはリンクしていません。当たり前の話ですが、人が、最初に目にとめるのは、ビジュアル要素です。

ＡＩＤＭＡという広告のアクションにつなげる理論があって、Ａ（アテンション）→Ｉ（インタレスト）→Ｄ（デザイアー）→Ｍ（メモリー）→Ａ（アクション）と順を追って続くのですが、ビジュアルは、最初のＡです。そして、それをスムーズに次のフェーズにつなげるＩ（インタレスト）は本来、このＡを引き継ぐべきなのですが、写真が強いアテンションを獲得したにもかかわらず、それが「何か」がわからず、終わってしまっていることがとても多いのです。それは、写真の説明（キャプション）がないからです。

キャプションには、他にも数多くのメリットがあります

①企画そのものをブラッシュアップさせられる

キャプションをつけるということは、「その写真で何を伝えたいか、が制作者にしっかり考えがある」ということと同意語です。実は、これがまったくなくて、「とりあえずいい写真をください」というオーダーをする制作会社や、それを安易に受けてしまう主催者が多すぎます。そして、その結果、形としては整うものの、ただ見かけがきれいだけで、中味がまったく魅力的に見えることがない記事や広告は掃いて捨てるほどあります。それを防ぐためにも、最初からキャプションスペースをレイアウト上に作ってしまってください。そこを書けないとすると、そもそもその企画は「甘い」はずで、集客も期待できません。

②本文と違う意味を伝えられる

本文ではどうしても説明しづらいこと。たとえば、本文は客観表現にしているのでモデルの

体験した実感を文中に入れづらいというジレンマがあります。充実した取材撮影であればあるほど、そのてのジレンマをクリエイターはもっています。その時にこそ、キャプションというスペースで、おもいっきり別の表現ができるのです。たとえば、「このイチゴ、香りがまるで桃のようでした」とか。本文とキャプションのギャップがあればあるほど、内容に深みができ、魅力はより強く伝わります。

【固有名詞の「価値」を信頼しない】

タイトルづけなど、文章表現上で気を付ける点は「固有名詞だけを出している」ことのないように注意することです。これは、多くの紹介文で行われていますが、あらためるだけで効果があがるはずです。固有名詞とは、そもそも、特定の物事を具体的に指示している性質があり、それ以上のものでも、それ以下のものでもないのです。つまり、事実を伝えるだけにとどまっていて、それによって、読者の「感情」は微動だに変化しない。つまり、新たな魅力を伝えるべきところが、そうできていないのです。

多くの観光振興のツールであるパンフレットなどにこれを無意識に実施していることが頻出しています。たとえば、次のような言葉が堂々とタイトルや、見出しとして出ているんですよ。

・「富士山」
・「〇〇美術館」

さすがにこれだと、魅力は一切伝わらない。表現されているとは言えません。しかし、このてのものはとても多いのです。固有名詞は、知っている人ならそれだけでも「惹き」になりますが、知らなかったら最悪です。なじみのないただの文字の羅列となり、その瞬間に読者は離れてしまいます。

対処法としておすすめしたいのは、デザインする時や、ラフを記す時に事前に「固有名詞＋見出し」をセットで準備しておくことです。

〇×〇×〇×〇×〇×
〇×〇×〇×〇×〇×
■■■美術館（千葉市）

こういう見せ方です。最初の2行が見出し、次の1行が文頭に記号をいれるなり、色やフォント数を変えて、固有名詞を入れる。これをセットで扱う癖をつけることです。

PROCESS

8 ▶ 持続発展させるための戦略

佐賀城本丸歴史館　観劇アンケート フリーコメント

佐賀に生まれて良かったと思った。佐賀を誇れる方々。

（女　鳥栖市）

史実に基づいてユーモアを入れながら、当時の押しせまった情景がみえてきた。

（男　64才　長崎市）

寸劇とは言え、内容も濃く、演技のクオリティーが高く驚きました。

（女　40歳　士幌町）

大木さんのことを知ることができた。まるぼうろたべたくなった！大隈さん、佐野さんのことをより知ることができた。

（女　20歳　脊振町）

歴史寸劇は、はじめてみて共感共鳴し、感動しました。（転勤族ですが、こんな寸劇、城内であるのははじめてです）Very good！

（女　59歳　広島市）

事業は順風満帆の時とばかりは限らない。続けて行く上でどう危機を乗り越えるか？ そのために大切なもの、予め培っておきたい「観光振興」特有のスタンスとは？ 継続発展のキーワードは、一度始めたら必ず生まれる「宝物」の活用にある

PROCESS

8

持続発展させるための戦略

• • •

持続発展させるための要諦を記します。プロセス4の「受け入れ態勢の構築」と、この「持続発展のための戦略」は関連性があります。ひとつにまとめてご紹介してもよろしかったのですが、それぞれに要諦が少し違うので、新たなプロセスとして立てることにしました。

「持続発展のための戦略」については、鉄則とも言える**基本的な考え方とよく起こりがちな問題とそれの防止策、対処方法**などを自分の経験から伝えられればと思います。現場で工夫して実行してきたからこそ提供できる、実用的なノウハウです。

【基本的な考え方とよく起こりがちな問題とそれの防止策、対処方法】

■【考え方①】事業がいったんはじまったら生まれる「宝物」

一度事業を始めたら、今までになかった宝物が手に入ります。それは、ずばり、実績データです。ですから、それを見越して始めからデータをとっておくこと。そして取り続けましょう。

データというと、国や調査機関が莫大な消費者データをもとにとっているビッグデータがありますが、それら、自分の事業と関係ない第三者がとっているデータは参考程度にしかなりません。それよりはるかに大事なことは、自らの事業のデータを継続して取りつづけることです。

なぜなら、そこから発展成長につながるナレッジがうまれるからです。

2020年11月30日に放映された日曜朝の人気番組「がっちりマンデー!!」で、データを使って、漁師さんの収益を高める『トリトンの矛』というソフトが紹介されました。長崎県佐世保市を本社にしているオーシャンソリューションテクノロジー株式会社という会社です。AIを活用して広い大海原の中、いつ・どこで・どの魚を・どれだけ獲れば、資源を守りながらいちばん収益性が高められるかを予想し、漁師さんのサポートをしながら、効率よく技術を継承するソフトなのですが、なぜそんなことが可能になったのか？

それは、あるベテラン漁師さんが、20年間にわたり、漁獲日記をつけていたからだということを教えてくれました。彼は、いつ何時頃、どんな天気の時に、どこでどの魚がどれだけ獲れたかを克明に記録しつづけていたのです。番組では、その実際の漁師さんと彼の手書きでびっしり書かれていた記録が紹介されました。そして、この記録を、オーシャンソリューションテクノロジーさんが読み込んでＡＩに分析させた結果なのでしょう。

つまり、玄人が現場で試行錯誤の中、身に付けてきた「経験」を広くナレッジできるように開発したのです。その時の唯一の価値、それは、「経験がデータになった」ということなのです。観光振興もまったく同じことができます。

同じことを何度も実施して、その結果をデータに取っておくことです。そこから事業を継続拡大するためのヒントとなるデータは必ず見つかります。

■【考え方②】創業者でしかできないこと

事業の継続と発展については経営においての最も重要な問題で、洋の東西を問わず昔から様々な研究が進められている問題ですから、ここで専門家でもない私が、理論的なことを書くのは控えます。

以下事例については、あくまでも私自身がしてきて「思い当たるふし」があることをお伝えします。すべて、筆者自身が発案者となって自ら企画し、動いてきた、いわば「創業した事業企画」であるという前提で読んでいただければ幸いです。

いずれも、創業者しかできないことで、かつ創業者の責任と義務とも言えるでしょう。すべての創業者はそこに並々ならぬ「熱」があるはずで、当たり前ですが、「それに主体的に携わっている時間、考えている時間、実行している時間」が最も多いはずだからなのです。

さて、経済学者の楠木建さんが、解説し、後に彼をして「これほど僕の喜びのツボを押しまくりやがってくる本は滅多にない」と言わしめた『ビジネス・フォー・パンクス』（日経BP）という本があります。著者のジェームズ・ワットさんは2007年に約300万円でクラフトビールの会社を興して、わずか7年で売り上げ70億円を超える急成長を遂げさせました。彼の経験に基づいた考え方が小気味よいメッセージとして記されています。そして、私が感じていることを言い表しているように感じるのが次のようなメッセージです。

「立ち上げ期に何より重要なのは、営業担当やマーケティング担当を雇うことではなく、自分たちで時間をかけ、いい商品、いいサービスを用意することだ」

「売り込みによって魅力が生まれることはない」
「立ち上げ期に仕事を人任せにすることは負け犬のすることだ」
「成長している間も、外注や提携にはとにかく慎重になるべきだ。どこも口先ばかりで、でかいことを言っても、結局のところ本人のように手塩にかけてビジネスを育てる理由を持ち合わせていない」

（『ビジネス・フォー・パンクス』ジェームズ・ワット著（日経ＢＰ）より抜粋）

特に最後の2つに注目です。ここで私がいわんとすることと共通点が大いにあります。テーマは「本質的魅力の希薄化をどう防止し、対処するか」です。本来、観光コンテンツの魅力の促進とは、その魅力の増幅であって、希薄化は危険なはずです。では、それでもどうして「希薄」になりがちなのか？　その典型的な事象をあげましょう。

【caseⅠ】事業が好調だと、関係者は初心を忘れる

事業の調子が良くなってくると、関係者は良い気分になってきます。すると、本質を見失い危険な状況に突入します。その兆しは、「集客人数が減る」「新規顧客が減る」「満足率が下がる」「データを顧みなくなる」「地域の観光振興という目的が薄れ、自画自賛に走る」などです。

【予防策】

それらの多くに創業者は対応していくのですが、それらを未然に防止するために有効なことを挙げます。

・事業価値を毎回確認できる項目をアンケートなどに入れておき、そこをウォッチしていく（たとえば　5段階評価の最高「感動した」「とてもよかった」の比率が下がってないか？）
・手ごたえを感じられるエピソードを掬い上げて、随時共有する
・決めたルールを破られた時の対処法を予め決めておく
・「自画自賛」のかわりに、「消費者から喜ばれる」実感を感じられる機会を作る（表彰など）

これらの作戦は他にもいろいろ考えられるはずですが、間違えないほうがいいのは、その目的を「事業の魅力の「希薄化」を防ぎ、逆に「濃縮・増幅」するため」とする一点を見失わないように、また、その目的を関係者に説明しておくことだと思います。そして理想は、皆が同じ目線で判断できるようにまで昇華しておくことなのです。言うは易しで、一筋縄ではいきませんので、そのあたりは、マネジメント関連の多くのビジネス書などをご参考ください。

【case2】外的要因 ― 人がかわることに起因する問題

自分たちに原因が起因しないような、なにかしらの変化があった時。特に危険なのは、人の問題です。

具体的には、

・行政などの首長～担当者が変わった時
・コンテンツの担い手が変わった時

【ありがちな例】

新たに担当者となった人が「変える事」を最優先として考え、せっかく成果が出つつあるものを、その本質を理解しないまま、強引に変えてしまうケースがあります。これは好調な事業が、理由なき変更により、見るも無残な姿に落ちぶれてしまうケースで、特に人事異動によりよく見られます。他にも怖いのは俗に「ジョブホッパー」と言われている転職してきた幹部管理職などが「成果を出したいために」、まず「変更ありき」で判断してしまうケースです。

【予防策】観光振興特有の、一風変わった「根回し」

ひとことで言うと、「根回し」ですが、その根回しは、観光振興の場合、独特なやり方があると思っています。それは観光という分野がそもそも、単独では存在しないもので、観光とはなにかしら他の分野に軸足を置いているものを、「観光客向けに紹介し、価値を創出する」という性質を帯びているからなのです。

それは、究極でいうと、「ブランド化」してしまうこと。

つまり、商品を作るにあたり、その商品の生み出す価値を最大化し、その結果をふまえ、周囲に広くメリットを与えることです。つまり、観光振興による「根回し」とは、「人による交渉」ではなく、「商品に語らせる」のです。そういう視点をもって日々取り組んでいくことが肝要

PROCESS 8

持続発展させるための戦略

です。それが一番の「予防」です。

たとえば、行政や企業内部であれば、その商品を、自社の観光セクションだけではなく、隣接した、経済部門、都市アイデンティティ部門、生産部門（企業誘致や農業、商業、国際交流部門など観光に関係の深い部門）などの課題さえも汲み取って実施しておくといいのです。それらのセクションの方が感じている課題をしっかり把握し、その課題を「観光振興で解決できないかな？」と普段から考えておき、無理のないところで実施しそれらセクションの担当者に喜んでいただくのです。それらが積み重ねられれば、必ずや、トップ（行政であれば首長さらには議会、企業であれば、社長または株主らのステークホルダー）に伝わります。そして、それは、そのまま彼らトップの手柄になるわけなのです。手柄というちょっと生臭いですが、実質は、手柄ではなく贈り物だと思ってください。つまり、理解をいただき、協力、賛同、または推進、後援してくれている立場なのです。ですから成果をともに喜び、その成果を「しっかり伝える」ことこそが贈り物なのです。

■【考え方③】　すぐ近くにある事例を見つけなさい

プロセス４「受け入れ態勢の構築」で記したとおり、関係者のモチベーションを上げ、それぞれがもつ能力を最大限に発揮することは、「成果を検証し、それを共有し、よくできたら拍手喝采で労をねぎらう」ことに尽きると私は確信しています。

これを「アプローズ（拍手喝采）マジック」とひそかに呼んでおります。

事例としては千葉市の体験型観光プラン『千葉あそび』の毎号の運営における「謝恩会」を挙げたいと思います。

『千葉あそび』は、千葉市が市の予算を使って千葉市の地域資源を発掘し体験型観光プランに作り上げ、集客するブランド商品で２０１４年夏に第一号を作り、その後リニューアルをしながらも現在２０２１年１月には第23号まで発行している冊子およびネットでの情報発信プロジェクトです。プロセス７「集客プロモーション」では、そんな『千葉あそび』の集客までの準備についてお伝えしましたが、その集客方法には独特のものがあります。

この事業は号あたりにかかった予算の上を行く総売り上げ（プラン体験料の総額）を目標にしています。一度リリースをしてしまうと、翌週から週１の編集会議では、予約状況を皆で把握して、その週にできるプロモーションを考え、ひとつひとつのプランの参加人数を増やすためあの手この手を打ち続けます。そして、約３か月の施行期間が終わった後に、まとめとして、共に３か月間戦ったプランの主催者さんを一堂に招いて、「謝恩会」という名前の結果共有会を実施します。

そこでは、編集部からは、あらかじめ各主催者さんからいただいていた目標に対しての実績、アンケートの満足率と、フリーアンサーのコメント、そして、トピックス、改善予定点、うまくいった点、今後のプラン継続・作成意向などをまとめて全員に共有。さらに、独自に打った施策やメディアからの反応など、編集部だけが知っている実績情報をも共有し、約2時間〜3時間ほどの総まとめをいたします。お菓子も出ないのに「謝恩会」というのはおこがましいのですが、様々な情報をお土産として持って帰ってもらえるようにと編集部一同が毎回貴重なデータを分析し、その後の主催者さんの本業にも生かせるような情報をお伝えしています。

毎号毎号この「謝恩会」で新たな知見が生み出され、その結果（成果）とともに共有されますから、内容は毎回刺激的でありましたし、この会でともに参加していたことがきっかけで、主催者さん同士で、次の機会にコラボレーション企画が産み出されたことも一度や二度ではありませんでした。このような場所と機会こそが、一人ひとりの連携を深め、さらに意欲を高め、結果的には皆さんの成功につながる、ひいては、トライアングルハッピーが生まれる場所であると思っております。

一度事業が走り始めたら、この「謝恩会」のような機会こそが、それまでの全国共通でいささか「借りてきたよそもの感」が否めない、政府や県や旅行会社系シンクタンクなどが掲示するビッグデータをもとにした事例などよりも、手の届くところにある地元ならではの実例になると思っています。そして、それらの積み重ねとこのネットワークの広がりが、今必要性が叫ばれている「観光で地域経済をまわすための機関」ＤＭＯの自然発生型なのではと思います。

いかがでしたでしょうか？　取材記者から求人広告コピーライター、海外旅行情報誌「ＡＢＲＯＡＤ」の編集、制作者、旅行情報誌『じゃらん九州』の編集長から、ＷｅｂサイトのＷｅｂマスター、マーケティングディレクター、地方の観光協会の魅力発掘プロデューサー、地域の歴史と伝説をもとにしたまちあるきツアーの脚本家兼寸劇ユニットプロデューサーそして、政令指定都市の観光課の課長として、様々なポジションで培ってきた経験をもとに「観光振興の具体的な実践法」をお伝えしました。

こんなこと知ってるわい、と思われた方がいたら、むしろうれしいと思うのです。なぜなら、私はこの仕事をしてきたここまでの約35年間、「地域振興」「観光プロモーション」の本は可能な限り読まないようしてきたからです。自分が最前線で実践してきたことを、他の方が似たようなことを書いているのを見たら、私はたぶん、それ以上に自分の考えを掘り下げることをやめてしまうかもしれないと思って、同分野の本を自分が読むことを禁じる「断書」をしていたのです。

断書をしてきて、なるべく月並みで一般的な情報が入ってこない状況におきながら、実は理論は同じですでに誰かが言っていた、だったらそれはそれでうれしいのです。

そして、その際には、本書の価値の別の一面が強くなると思うのです。

本書の価値、それは、「実際にやったこと」が多く出ていることです。それを記しているのが、実際に企画した私ですから、その商品が作られた経緯など創業者にしかわからないことも書い

EPILOGUE

むすびに

ています。幾分の私見偏見はご容赦いただく前提で、考えをなるべくありのままに伝えさせていただきました。

私なりに、35年間の実践経験と、自分が導き出した知恵（理論みたいなもの）をいくつか掲げて、それぞれを実例とともに紐解いて記せましたから、「その理論は別に新しくない。すでに知ってるわい」と思った方は、「実際にそれをしてみたらこうできた」という成果があがったということを確認できる内容になるでしょう。

観光振興をし続けていて思うのは、「言うは易く、行うは難し」的なことが非常に多い。また は、理論では知っていてもなにかの理由でやらない人がきわめて多いということ。ですから、この本では、その「やり方」を、私が体験したものを中心に記しました。

最後になりましたが、魅力発掘プロデューサーとして最も大切だなと思う言葉を記します。

「愛している者にだけ見えるものがある」

赤ちゃんの変化に一番最初に気づくのはいつだってお母さん（お父さんかも）。つまり、愛するということは「見る」こと。

「愛していても死ぬときは別」

どんなに愛していても、いつかは死ぬ。だからこそ「いずれは訪れる別れ（死）」を意識して、ご縁のあった地域とのその瞬間に全力を尽くす。

編集にあたっては、同友館の武苅夏美さまに多大な労をいただきました。

また、本書にも記させていただいた地域で、地元のために観光振興の最前線に立ってがんばっている多くの方々に敬意を表しますとともに、深い感謝の念をお伝えし、筆を置かせていただきます。

2021年4月27日　晴天の世田谷区祖師谷にて

〈取材・写真提供などご協力いただいた方々〉（※本書の該当箇所に記載してない方のお名前のみ）

辻修氏（ネットランド株式会社）、BayWave、佐賀県、千葉市観光プロモーション課、米沢市役所、一般社団法人伊賀上野観光協会、TOMOKO HANASHIMA、一般社団法人魅力発掘プロデュース協会、SSMRビジネス推進コンソーシアム

〈参考文献〉

『野生の思考』クロード・レヴィ＝ストロース著　大橋保夫訳（株式会社みすず書房）

桜井　篤（さくらい・あつし）

魅力発掘プロデューサー
1965年　茨城県水戸市生まれ。

早稲田大学第一文学部哲学科にてフッサールの現象学やキルケゴールの実存哲学および民俗学を学ぶ。

大手旅行会社を経て（株）リクルートにて求人広告コピーライターとして活躍。本書でも紹介した、効果を出すクリエイティビティを身につける。

その後、取材記者を経て海外旅行情報誌『ABROAD』編集部へ。主に東南アジア、南米、北極圏などの海外取材と編集を担当。後に、創刊1年余りの「じゃらん九州」の編集を任され、福岡に異動。独自の編集技術とPR手法を注入し、部数を飛躍させる一方で、ムック本を創刊。九州地域の流通でありながら、全国誌を凌ぐ実売部数第1位（同社ムック部門）を記録するなど、「じゃらん」ブランドを不動のものとした。

退社後、観光の魅力発展途上のまちを選び住み、地元の地域資源を観光コンテンツに昇華して、地元と訪れる人を幸せにする「魅力発掘プロデューサー」を志向。

2009年より佐賀観光協会（現（一社）佐賀市観光協会）に勤め、野良猫を活用した商店街活性化や、伝説を用いた夜のまち歩きツアー、そして、郷土の歴史を物語化した『幕末・維新 佐賀の八賢人おもてなし隊」』など、今も継続発展する数々の歴史観光体験型コンテンツと観光振興の担い手を創出。さらに周辺都市からの依頼にこたえ、シビックプライドを高める装置として歴史劇を合計30作品あまりを創作、上演するなどして、住民が自らの歴史と誇りを再認識する気運を醸成した。

2013年から、専門管理職として千葉市役所に登用された後、観光プロモーション課長として、地域資源をブラッシュアップし体験型観光プランを200余り造成。創刊した体験型コンテンツ集『千葉あそび』は域外の人はもとより、「地元には目立った観光資源はない」と思っていた住民からも驚きをもって歓迎された。ムスリム（イスラム教徒）観光客に他市に先駆けていち早く着目し、海外向け観光施策として「ムスリムフレンドリー」を推進。同市のインバウンド観光の礎を築いた。

2020年3月、任期満了により同市役所を退職。現在、国内各地域の地域資源を活用した観光振興を本書のプロセスに沿ってトータルに実践するとともに、講演および直接指導にて観光推進を担う魅力発掘プロデューサーを育成している。

㈱チェリー企画　代表。 メールアドレス cherrybravo2001@yahoo.co.jp

まちの魅力を引き出す編集力

2021年6月16日　初版第一刷発行
2024年9月30日　第二刷発行

編著者 ──── 桜井篤
発行者 ──── 脇坂康弘
発行所 ──── 株式会社　同友館
〒113-0033
東京都文京区本郷2-29-1
TEL 03-3813-3966
FAX 03-3818-2774
https://www.doyukan.co.jp/

装　丁 ──── 野村義彦(株)ライラック)
本文デザイン ── 野村義彦
吉田進一(株)ライラック)
印　刷 ──── 三美印刷
製本所 ──── 松村製本所

ISBN978-4-496-05541-6